JN434698

**정브르**

134만 구독자를 보유한 생물 크리에이터. 곤충과 파충류부터 바다생물까지 다양한 생물을 소개하는 참신한 콘텐츠를 선보이며 생물 전문 크리에이터로 큰 사랑을 받고 있답니다. 유튜브 채널에서 동물 사육, 채집, 과학 실험 등의 재미있고 유익한 영상을 소개하고 있으며, 도서와 영화를 통해 고유의 콘텐츠와 더불어 동물을 사랑하는 마음까지 대중에게 알리고 있어요.

**1판 1쇄 발행** 2023년 10월 30일
**1판 3쇄 발행** 2024년 1월 4일

**발행인** | 심정섭
**편집인** | 안예남
**편집장** | 최영미
**편집자** | 김은솔
**브랜드마케팅 담당** | 김지선
**출판마케팅 담당** | 홍성현, 김호현
**제작** | 정수호

**발행처** | (주)서울문화사
**등록일** | 1988년 2월 16일
**등록번호** | 제 2-484
**주소** | 서울특별시 용산구 새창로 221-19
**전화 편집** | 02-799-9375 **출판마케팅** | 02-791-0708
**본문 구성** | 덕윤웨이브 **디자인** | 권규빈

ISBN 979-11-6923-839-7
979-11-6438-488-4 (세트)

생생체험 자연관찰
정브르의
맹독 생물 읽기
지음 정브르
감수 샌드박스네트워크
브르와 함께 떠나는
맹독 생물 탐험!
서울문화사

# 차례



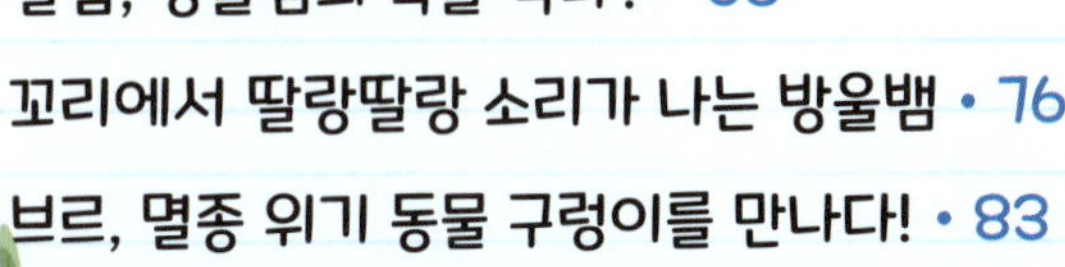

애앵~

뿌우~

## 독이 있는 생물

'독'이란 여러 가지 화학 성분 중에서도 생물의 건강을 해칠 수 있는 성분을 말해요. 특히 적은 양으로도 큰 피해를 줄 수 있는 성분을 맹독이라고 하고, 이런 독을 가진 생물을 맹독 생물이라고 불러요. 독은 닿는 부위와 대상에 따라 증상이 조금씩 달라지기 때문에, 사람에게 위험한 독과 동물에게 위험한 독은 다를 수 있어요. 또, 건강 상태에 따라 약한 독에도 심한 증상이 나타날 수 있지요. 맹독 생물은 언제나 조심해야 하지만, 최근에는 맹독 생물의 독을 활용해서 치료제를 만드는 연구도 활발하게 진행 중이에요.

검은과부거미

파란고리문어

## 맹독 생물의 독 사용법

독은 먹잇감을 사냥할 때 편리하게 사용돼요. 독을 이용하면 자신보다 훨씬 크거나 빠른 생물도 쉽게 잡을 수 있어요. 또, 천적으로부터 몸을 방어할 때도 유리하지요. 천적에게 공격당할 때, 독을 사용해서 상대를 제압한 후, 위험한 상황에서 탈출할 수 있어요.

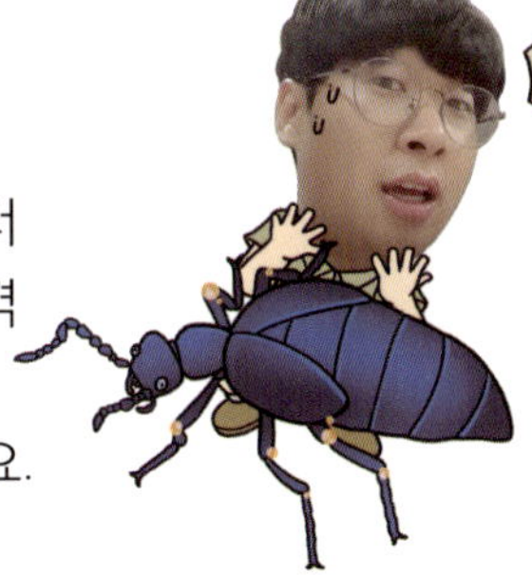

## 맹독 생물의 독 부위

맹독 생물마다 독이 있는 부위가 달라요. 복어처럼 몸속 내장 기관에 독이 있는 생물도 있고, 해파리나 노랑가오리처럼 외부의 촉수, 독 가시 등에 독이 있는 생물도 있어요.

주로 바다에 사는 생물이 독 가시를 가지고 있어요. 쏠배감펭, 노랑가오리, 독가시치 등의 바다 생물이 있지요.

독 촉수를 가지고 있는 대표적인 생물은 해파리예요. 해파리의 촉수에는 화살 모양의 독침인 자세포가 모여 있어요.

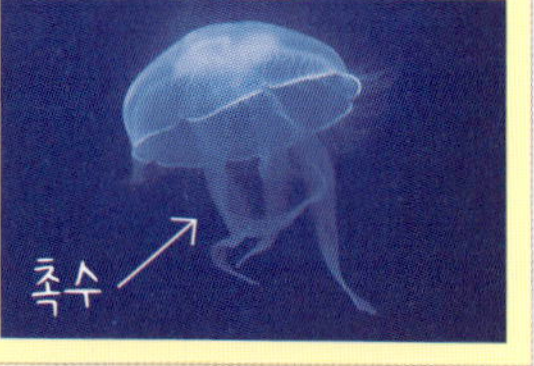

독니를 가진 대표적인 맹독 생물은 독사예요. 방울뱀, 코브라 등의 독사는 이빨을 통해 강력한 독을 주입할 수 있어요.

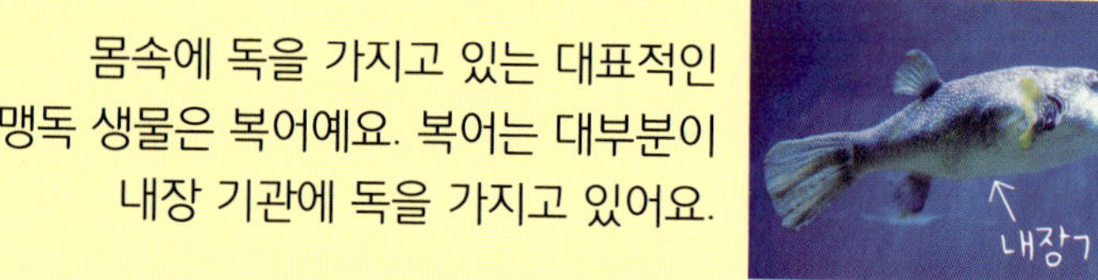

몸속에 독을 가지고 있는 대표적인 맹독 생물은 복어예요. 복어는 대부분이 내장 기관에 독을 가지고 있어요.

1화
타란툴라 독을
채취하다!

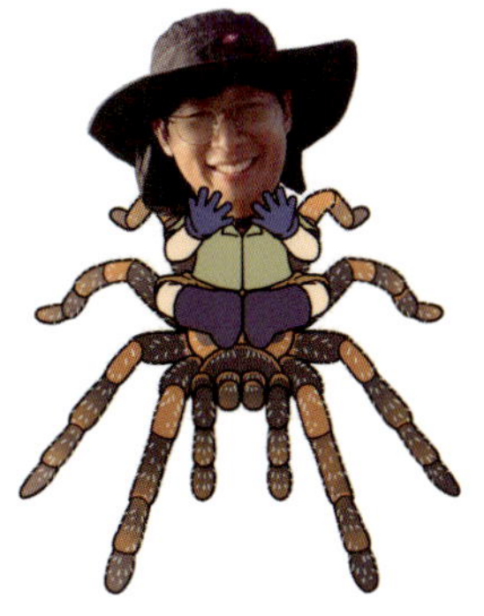

오늘은 재밌는 실험을 위해 타란툴라를 만나러 왔어요.
브르 어서 와!
어떤 친구들이 있을까요?

팜포베테우스SP.
브라질리안 블랙
안녕?
반가워~.

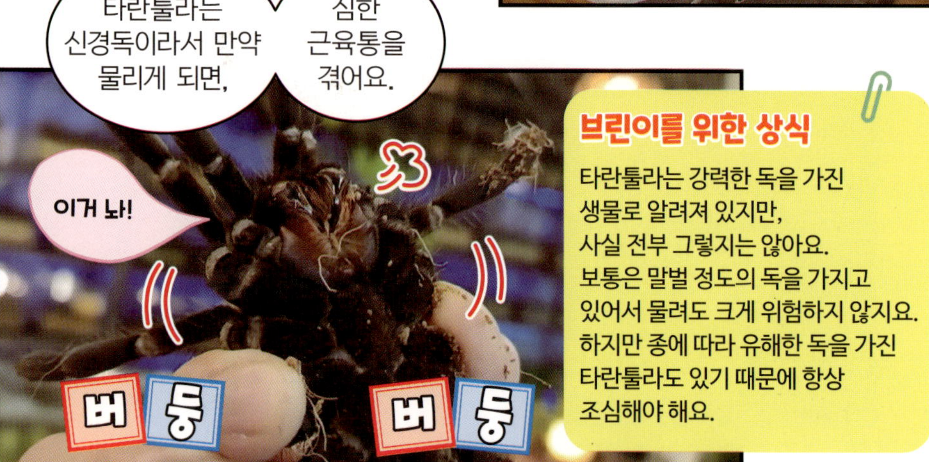


**브린이를 위한 상식**

타란툴라는 강력한 독을 가진 생물로 알려져 있지만, 사실 전부 그렇지는 않아요. 보통은 말벌 정도의 독을 가지고 있어서 물려도 크게 위험하지 않지요. 하지만 종에 따라 유해한 독을 가진 타란툴라도 있기 때문에 항상 조심해야 해요.

타란툴라의
이빨을
독아라고 해요.

꽤 날카로운데,
지금은
숨기고 있어요.

독을 뽑을 때는
드러낼 겁니다.

독아

함부로
보여 주지
않아!

물었다!
콰
악
독아를 살짝 건드리면 독이 나와요.
콕콕
주륵
독이 나왔어요!
아주 소량이지만 보통 작은 먹이를 사냥하기 때문에 충분한 양입니다.
두 번째 친구!
내 차례야?
타란툴라는 털에 독이 있는 종도 있어요.
브라질리안 블랙도 털 독이 있긴 한데, 약해서 털 알레르기가 있는 사람들도 키울 수 있어요.
브라질리안 블랙
나 키우기 좀 괜찮아~.

순해서 그런가?
물지를 않네요.
….
결국
포기했어요….
함부로 독을
쓰지 않아!

덥석
이 친구는
수랏타니
타이거예요.
태국에서 사는
종인데, 굉장히
사나워요.
깜짝이야!

번
쩍
이렇게 앞다리를
치켜올리는 것이
이 종의 특징이에요.
다 덤벼!

저리 가!
핀셋을
엄청 경계하고
있어요.
캬아아아악!
저리
가라고!

과연
이 친구는
독액이 얼마나
나올까요?
버둥
버둥
이거 놔!
콰
악

와아
독액이 나오고 있어요!
이번엔
플라스틱 통
입구에
비닐을 씌우는
방법으로
채취해 볼게요.
비닐!

비닐을 쉽게
뚫어 버리네요!
콰악
독이 조금
묻었어요.

이 친구는
골리앗이라는
타란툴라예요.
크기로
세계 3위 안에
들어가요.
나 정말
크지?
조심해서
들어 올려
줄게요.
헉!
쓱

와~.
엄청 크죠?
골리앗이
몸집이 큰 만큼
독의 양도
많을 거예요.
내려 줘!
거대

실제로 해외에서는 타란툴라 독을 채취해서 의약품으로 만들 수 있는지 실험을 많이 한다고 해요.

꾸욱

**브린이를 위한 상식**

다양한 연구 기관에서 타란툴라의 독을 의약품으로 활용할 수 있는지 연구하고 있어요. 실제로 지난 2016년, 호주의 퀸즈랜드 대학교 연구원들이 타란툴라의 독에서 진통제로 사용할 수 있는 성분을 발견하기도 했지요.

**브린이를 위한 상식**

코발트블루는 타란툴라 중에서도 사나운 타란툴라로 유명해요. 집에서 사육할 때에도 탈출하거나 공격할 가능성이 높지요. 암컷이 짙은 파란색의 털을 가지고 있어서, 비슷한 색깔인 코발트블루라는 이름이 붙었어요.

콰악
날
건드리다니!
사나움이
장난이 아니네요!

꽈악
플라스틱 통도
잡고 놓질 않아요.
나의
독침 맛을
봐라!
화난 만큼
독을 많이
내보냈네요.
많은 양의 독액!

이제
슈퍼밀웜에게
지금까지 모은 타란툴라
독을 먹이는 실험을
해 볼 거예요!
꿈틀
도,
독이라고?!
꿈틀

휴지에 독을 묻혀서 먹여 볼게요.
잘라서 이 정도만 사용할 거예요.
그다음 독액이 담겨 있는 통을 잘라 줄게요.
서걱
타란툴라가 이빨로 뚫어 놓은 자국이 선명하게 보이네요.
우선 플라스틱 윗부분에 있는 독을 닦아 볼게요.
쓱쓱
쓱쓱
플라스틱 밑부분 통에 있는 독액도 꼼꼼하게 묻혀 줍니다.

독이 묻어서
색깔이 변한 건지,
누레졌어요.
플라스틱
그릇 안에 휴지와
밀웜을 넣어 놓고
관찰하도록
하겠습니다!

슈퍼밀웜은
수분감이 있으면
뭐든지 먹는 습성이
있는데, 과연 독이 묻은
휴지도 먹을까요?
뭐야,
뭐야?
꿈틀
꿈틀

냠냠
이게 뭐지?

냠냠
꽤
맛있는데?
역시 슈퍼밀웜은
가리지 않고
다 먹습니다.

잠시 후
한 마리가
뒤집혀 있어요.
….
타란툴라의
독은 근육을
마비시켜요.
안 움직이는 슈퍼밀웜
죽은 건가?
….
콕 콕
앗!
살아 있어요!
움 찔
무슨 일이
있었지…?
휴, 죽다
살았다~.
다들 독
조심해!
대부분
멀쩡해요.
나는
아무렇지도
않아!
나도!
정말 슈퍼 튼튼하죠?

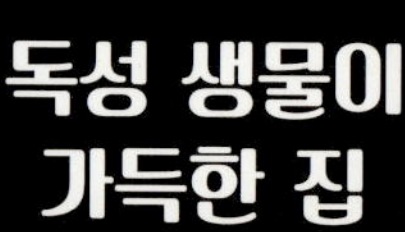

## 독성 생물이 가득한 집

검은과부거미는 신경계 독이 있어서, 물리면 근육 통증이 오고 발작이 올 수 있어요.

심장이 안 좋은 사람의 경우에는 위험할 수 있으니 조심해야 해요.

물리지 않게 조심해!

**브린이를 위한 상식**

검은과부거미(블랙위도우)는 독사인 방울뱀보다 15배 강한 독을 가지고 있어요. 사람이 검은과부거미에게 물리면 근육통이 오거나 호흡이 어려워질 수 있고, 심각한 경우에는 사망에 이를 수도 있어요.

자신의 독이 센 걸 알아서 도망도 잘 안 가요.

내가 좀 셈!

알집을 지키고 있네요.

알집

**브린이를 위한 상식**

검은과부거미는 특이하게 짝짓기한 뒤에 암컷이 수컷을 잡아먹어요. 수컷은 잡아먹히지 않기 위해 짝짓기 전에 신선한 먹이를 거미줄로 잘 싸서 암컷에게 선물하기도 하지요.

바퀴벌레가
움직일 수 없도록
거미줄을 엄청나게
내뿜고 있습니다.
좌아아악
살려 줘~!
거미줄로
먹이를 감싼 후에
독액을 주입해
마비시켜요.
꼼짝
못하겠어.
검은과부거미에게도
먹이를 줄게요.
배고파!
먹이다!
끄악!
독으로 인해
움직임이 점점
둔해지고 있어요.
으으….
야호!
완벽히 제압 성공!

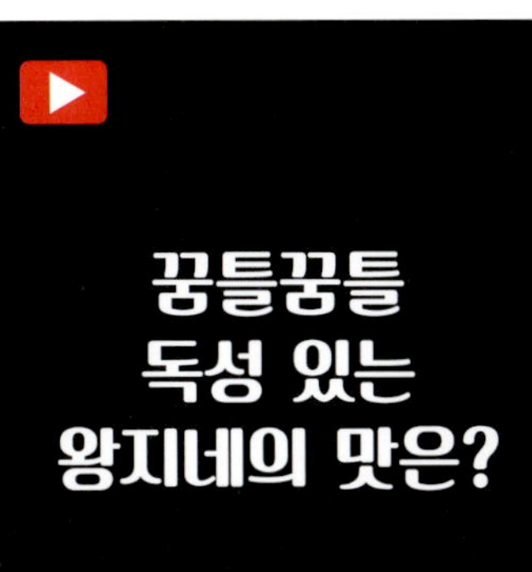

꿈틀꿈틀
독성 있는
왕지네의 맛은?

오늘은 왕지네 농장에 왔습니다~!
옥천
장농네지

지네는 우리나라에 많이 서식하지만
야행성이고, 이런 돌담 속에 숨어 살기 때문에 만나기가 힘들어요.
굉장히 많이 쌓여 있는 돌

이 비닐은 습도를 유지하기 위해 설치하셨다고 해요.
지네가 살기 좋은 습도는 약 40~55%라고 합니다.

돌 밑에
모여 있는 지네를
발견했어요!
레드렉이라는
왕지네예요.
들켰다!
와, 엄청
많다.
꿈틀
꿈틀

어떻게
알았지?
바위
밑에도 엄청
많아요!
나무 속에서도
발견!
브르가
왔대!

지네가
땅속으로
도망갈 수도
있어서
벽을 땅속
40cm 높이로
설치하셨대요.
잡아
먹지 마!
지네의 먹이인
귀뚜라미도
풀어 놓고 키우고
있어요.

이건
귀뚜라미
먹이예요.
귀뚜라미가
잘 자라야
지네도 잘 먹고
잘 크겠죠?
사료
야외뿐 아니라
실내에서도
지네를 사육하고
연구하고 있어요.
실내 사육장
한번 들어가 볼까요?

실내가
엄청 커요!
지네가 타고
올라올 수 있으니
장화를
신어 줘야 해요.

브르,
안녕~.
군데군데
바나나 조각이
놓여 있어요!
이 바나나는
지네의
간식이에요.

### 브린이를 위한 상식

지네는 주로 육식을 하지만, 잡식 동물이기 때문에 다양한 먹이를 먹을 수 있어요. 그래서 귀뚜라미, 밀웜과 같은 작은 곤충 외에도 바나나, 수박과 같은 즙이 많은 과일도 먹지요.

*준성체: 거의 다 자란 암수 구별이 가능한 동물.
*성체: 다 자라서 번식이 가능한 동물.

## 브린이를 위한 상식

지네는 한의학에서 약으로 사용돼요. 혈액 순환, 독 배출 등의 효과가 있고, 허리 통증을 치료하는 데 좋다고 알려져 있어요. 하지만 지네는 독성이 있어서 함부로 먹으면 안 되고, 꼭 의사와의 상담을 통해 처방받아야 해요.

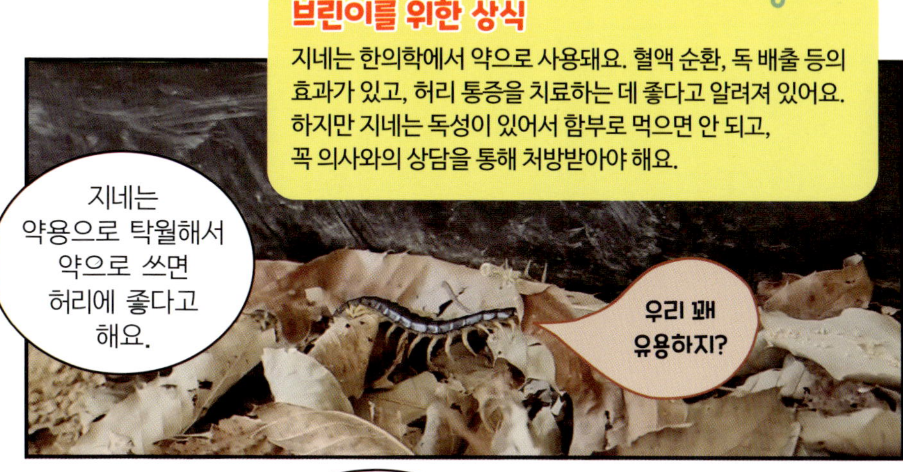

*중화: 서로 다른 성질을 가진 것이 섞여 각각의 성질을 잃거나 중간의 성질을 띰.

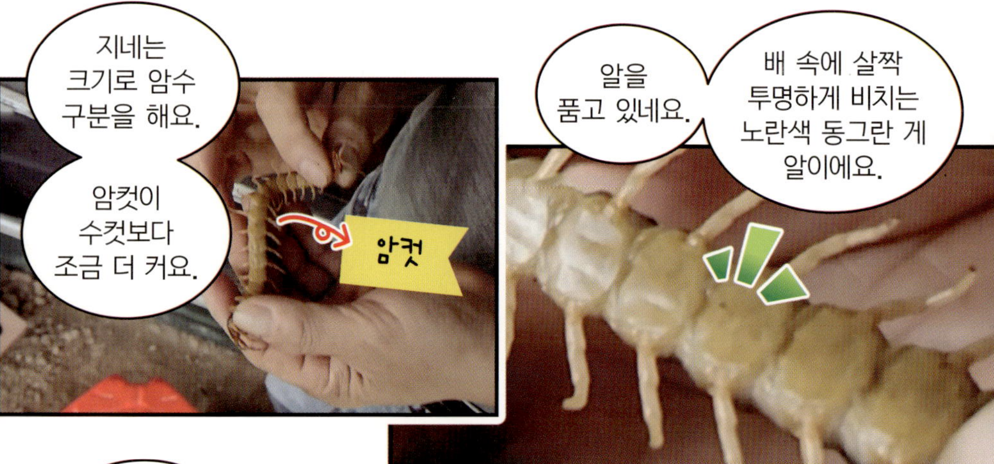
지네는
크기로 암수
구분을 해요.
암컷이
수컷보다
조금 더 커요.
암컷
알을
품고 있네요.
배 속에 살짝
투명하게 비치는
노란색 동그란 게
알이에요.

수컷은
조금 작아요.
지네의 암수
비중 중 수컷이
30% 정도예요.
수컷
수컷은
꼬리 쪽에 이렇게
까만 돌기가
나옵니다.
암컷은
나오지
않아요.

지네는 한 번의
짝짓기로 저장낭에다가
평생 정자를
보관했다가 5~6월경에
산란을 해요.
암컷 스스로가
수컷의 정자를
조절해요.
정말 신기하죠?

약재로 쓰이는
지네를
말리고 있어요.
자연 건조 중인 지네

핀에 꽂아 놓고 말리는 지네
해외에서는
크게 보이게
하기 위해서
핀에 꽂아 놓고
늘려요.
수입산과
구별 짓기 위해서
지네가 자연스럽게
말리도록 건조하신다
해요.

제가 한번
먹어 볼게요.
쏙
묘~한 맛
음….
지네 특유의
향이 있어요.

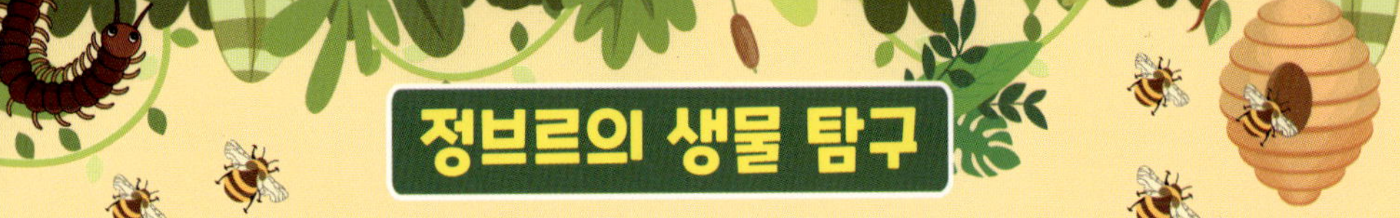

## 정브르의 생물 탐구

타란툴라는 독을 가지고 있는 독거미로, 이빨뿐만 아니라 털에도 독이 있어요. 보통 독아를 먹잇감에 꽂은 후 소화액을 주입하여 먹이를 녹여 먹어요.

### ⋆정브르의 생물 탐구⋆

**생물 이름: 브라질리안 블랙**

브라질리안 블랙은 브라질 지역에 서식하는 타란툴라로, 선명하고 아름다운 검은색 몸과 털을 가지고 있어요. 다른 타란툴라에 비해서는 독성이 약한 편이에요.

- 크기: 최대 약 20cm
- 먹이: 밀웜, 귀뚜라미 등
- 사는 곳: 브라질

### ⋆타란툴라의 종류⋆

타란툴라는 행동 방식에 따라 배회성, 버로우성, 나무위성 세 가지로 나눌 수 있어요. 배회성 타란툴라는 굴 근처를 돌아다니며 사냥하는 방식으로, 브라질리안 블랙과 멕시칸 레드니 등이 있어요.

깊은 땅굴 속에서 생활하는 버로우성 타란툴라로는 코발트블루가, 나무에 은신처를 만들어 두고 떠돌며 사냥하는 나무위성 타란툴라로는 앤틸리스 핑크토 등이 있지요.

# 브르의 다른 그림 찾기

왼쪽과 오른쪽 그림을 비교하고 다른 곳 5군데를 찾아봐요.

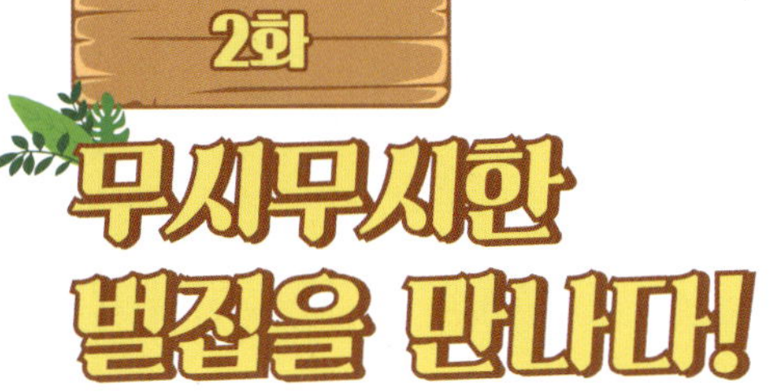
2화
무시무시한
벌집을 만나다!

애앵~

오늘은 한강에 있는 말벌집을 제거하러 왔어요.
사람들을 위협하는 무서운 말벌!
좀말벌집을 발견했습니다.
위험하니 빨리 제거해 볼게요.
좀말벌집

부우웅
근처를 날아다니면서 저를 위협하고 있네요.

주섬 주섬
쏘이지 않게 보호장비를 꼭 착용해야 해요!
짠

*군체: 같은 종류의 개체가 많이 모여 살아가는 집단.

**브린이를 위한 상식**

좀말벌은 대한민국, 중국, 일본 등에 서식하는 말벌로, 장수말벌과 비슷한 생김새를 가지고 있어요. 수벌과 암벌은 더듬이의 길이와 침의 유무로 구분할 수 있는데, 수벌은 암벌보다 더듬이가 길고 침이 없지요.

각 개체마다
색깔 차이도
있는 것 같아요.
으으~.
슈웅
헉!
탈출
성공~.
콰악
어딜!
으아아!
안 돼!
정말
큰일 날 뻔
했어요.
쑤욱
재빨리 통 속으로!
이번에는
좀말벌집을 해체해
볼게요.
두둥

육각형으로
만드는 벌집 구조는
가장 효율적이면서
튼튼한 구조라고
해요.

정말 신기하죠~?

**브린이를 위한 상식**

대부분의 벌집은 육각형 모양의 집이 붙어있는 모습으로 생겼어요. 육각형 모양은 구조물을 튼튼하게 하고, 적은 재료로도 최대한 넓은 공간을 만들어 주지요.

*고치: 벌레가 알, 애벌레 등을 보호하려고 실을 내어 지은 집.

번데기를 한번 꺼내 볼게요.
스윽
이렇게 생겼답니다.
안녕?
단단해 보여도 말랑말랑해요.
벌써 눈도 생겼네요!
눈
슈욱
ㅋㅋ
뽑는 재미가 있네요.
어?
우아, 이 친구는 방금 태어났어요!
수벌이에요. 옆이랑 비교했을 때 색도 다르고 더듬이가 길죠?
더듬이

## 불개미 군대를 잡으러 가자!

다른
야생 불개미를
발견했어요.
이 친구를
따라가다 보면 불개미
굴을 발견할 수
있을 거예요.
바쁘다,
바빠!
쫄 쫄
와~.
불개미 굴을
발견했습니다!
색깔이
정말 예쁜
군체네요.
이 군체를
집에 데려갈게요!
적이다.
공격!
헉!
따끔
따끔
불개미들이 산을
쏘고 있어요.
배 끝을
치켜세우는 게
산을 쏘려는
자세예요.
모두
긴장해!
불개미의 공격 태세!
불개미의
공격 태세
모습!

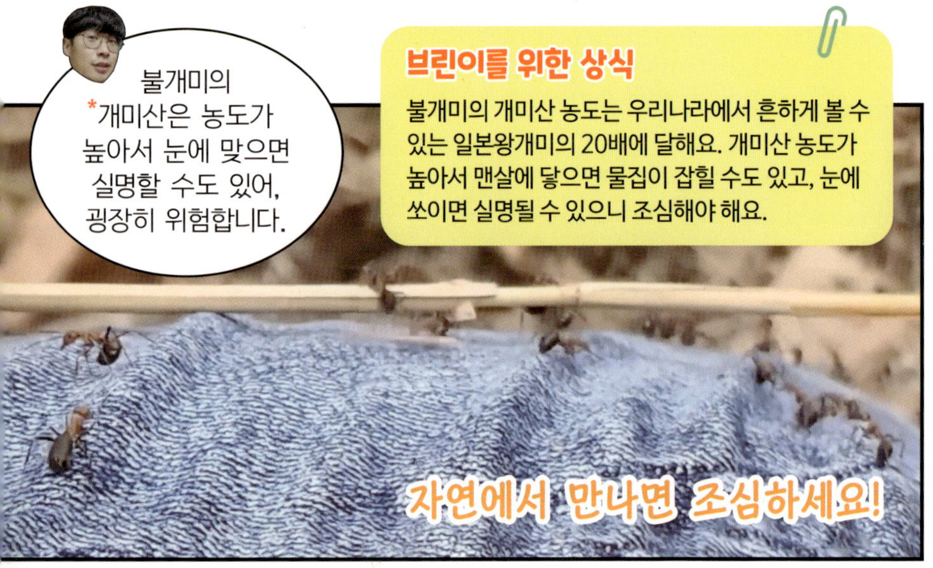


**브린이를 위한 상식**

불개미의 개미산 농도는 우리나라에서 흔하게 볼 수 있는 일본왕개미의 20배에 달해요. 개미산 농도가 높아서 맨살에 닿으면 물집이 잡힐 수도 있고, 눈에 쏘이면 실명될 수 있으니 조심해야 해요.

여기 반짝거리는 액체가 불개미의 산이에요.

우르르

어어!

바글 바글

다리에 엄청 많이 붙었어요.

군체의 공격력은 정말 무섭습니다.

*개미산: 개미나 벌의 몸에 있는 무색의 산성 액체.

난소가 발달해 배 부분이 커다래진 여왕개미 한 마리를 잡았습니다.
난소 발달은 번식 준비를 잘했다는 뜻이에요.
여왕개미
뭉쳐 뭉쳐!
또 다른 큰 불개미굴 발견!
배 부분이 큰 애들이 다 여왕개미예요.
브르가 왔다!
하얀색이 불개미 알이에요. 정말 많네요.
알
숨겨야 해.
알을 챙기는 불개미

불개미는
수명이 길지 않은 대신,
산란 양이 엄청나요.

**브린이를 위한 상식**

불개미는 짝짓기를 통해 알을 낳는 여왕개미와 수개미 그리고 육아, 사냥 등의 노동을 하는 일개미로 나뉘어요. 번식은 여왕개미만 할 수 있고, 마릿수가 많은 군체에는 여러 마리의 여왕개미가 존재하기도 해요.

지금부터 이 나뭇가지로
불개미를 잡아 보겠습니다.
과연 어떻게 잡을까요?

꽤 많은
불개미를
채집했어요!

같이 집으로
가자~.

브르랑
한 가족이
된대!

# 정브르의 생물 탐구

말벌은 이름의 '말'이 크다는 뜻이 있을 만큼, 꿀벌에 비해 큰 몸집과 강한 독성을 가지고 있어요. 말벌 유충들은 성충이 잡아 오는 작은 곤충을 먹으며 자라요.

영상으로 확인해 봐요!

### ⋆정브르의 생물 탐구⋆

**생물 이름: 좀말벌**

좀말벌은 덤불 속이나 나뭇가지 사이에 벌집을 지어 놓고 생활해요. 머리를 정면에서 보았을 때, 눈 사이에 있는 이마방패 아래쪽에 작은 돌기가 있어요.

- 크기: 약 20~30mm
- 먹이: 작은 곤충 등
- 사는 곳: 한국, 일본, 중국 등
- 특징: 장수말벌과 비슷하게 생김.

### ⋆말벌과 꿀벌의 차이⋆

말벌과 꿀벌은 독침의 모양, 독의 성분에서 차이가 있어요. 말벌의 독침은 바늘 모양으로 생겨서 한 번 찌른 후 다시 빼내는 게 가능하지만, 꿀벌의 독침은 갈고리 모양으로 생겼고 침과 내장이 이어져 있어, 쏘고 나서 빼는 순간 꿀벌이 죽음에 이르지요.

독의 성분이 달라 쏘였을 때 응급처치법이 달라요. 먼저 독침을 제거한 후 말벌의 독은 레몬으로, 꿀벌의 독은 비누로 씻어 중화할 수 있어요.

말벌

꿀벌

3화

# 귀여운데 만지면 큰일 나는 나방?

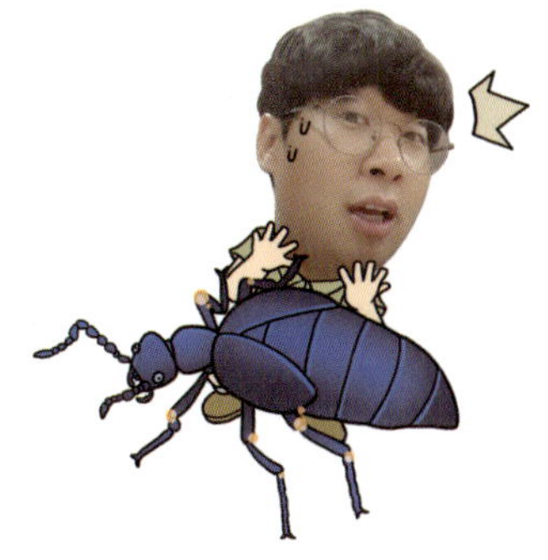

꼭 지네를 닮은 친구네요. 넌 누구니?

내 가시를 조심해!

꿈 틀

꿈 틀

이 친구는 엄청 독특하게 생겼네? 어떻게 성장할지 너무 궁금해요.

내가 좀 독특해.

**브린이를 위한 상식**

노랑쐐기나방은 노란색과 갈색이 섞인 황갈색을 띠어요. 주로 한국, 중국, 일본 등에 서식하는 곤충이에요. 여러 나무의 잎을 갉아 먹으면서 자라기 때문에 병해충으로 지정되어 있어요.

나뭇잎에 숨어 있는 친구를 찾았어요.
들켰다!
극동쐐기나방 애벌레
이 애벌레는 거의 2.5cm까지 자라요.
귀엽다고 함부로 만지면 안 돼요.
쐐기나방은 가시가 많아서 쏘이면 굉장히 아파요.
날 조심해!
쐐기나방은 우리나라에 약 25종이 있습니다.
나뭇잎을 다 갉아 먹었어요. 검은색은 똥이에요.
냄새는 안 나요.
애벌레 똥

어, 이건?!
고치를
발견했습니다!
왼쪽 고치가
정상적인 모양이고,
오른쪽 고치는 나뭇잎이
끼어서 모양이 좀
일그러졌네요.
쐐기나방 고치
이 친구는
흰점쐐기나방
애벌레입니다.
다른 친구들에
비하면 털도 짧고
가시의 개수도
적은 것 같아요.
성장한 모습
여기도
두 친구가
있어요.
내가 좀
귀엽지?
꿈틀
꿈틀
노랑쐐기나방
애벌레와 비슷하게
생겼는데,
너무 귀엽게
생겼어요!

등에 푸른색 점 모양의 무늬가 있네요.
애벌레를 뒤집으면, 입이 보여요.
입
꿈틀대는 게 다리입니다.
다리
마지막으로 보여 줄 친구는
흑색무늬쐐기나방 애벌레입니다.
어때? 나 특이하지?
꼭 귤 알맹이처럼 생겼어요.
가시에 독을 품고 있으니 함부로 만지면 안 돼요.
이 친구에게는 독특한 능력이 있어요.
여기 가시가 떨어져 있는 게 보이죠?

이 친구는
성장을 하거나
외부에서 자극을
받으면,

도마뱀 꼬리처럼
가시를 떼어 내는
능력이 있습니다.

내 능력
멋있지?

번데기가 되기
직전에는 가시를
일부러 떨어트린다고
해요.

성장한 모습

**브린이를 위한 상식**

흑색무늬쐐기나방 애벌레는 여름이 지나면 땅속에서 고치를 만들고 성충으로 성장해요. 천적을 만나거나 위험을 느끼면 가시를 떨어트린다는 특징이 있지요.

밤나무, 감나무, 자두나무 등 *기주 식물이 광범위해요.

우리나라에서는 5월~8월 말까지 자연에서 관찰이 가능하답니다.

**우리를 만지지 않게 조심해!**

애벌레한테 쏘인 후에 가시를 방치하면 며칠 동안이나 타들어 가는 고통을 느낀다고 해요.

*기주 식물: 기생 생물에게 영양을 공급하는 생물.

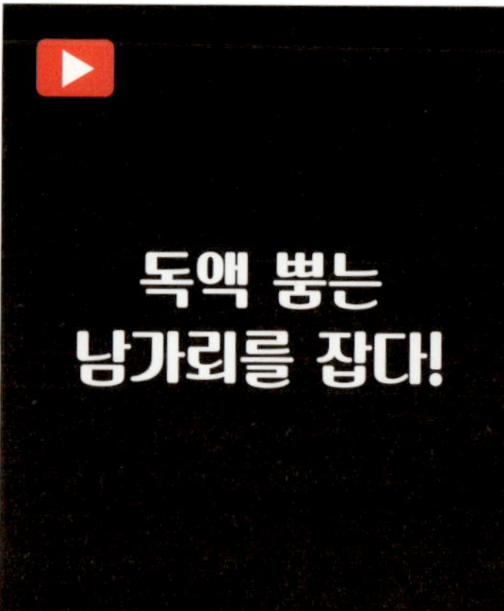


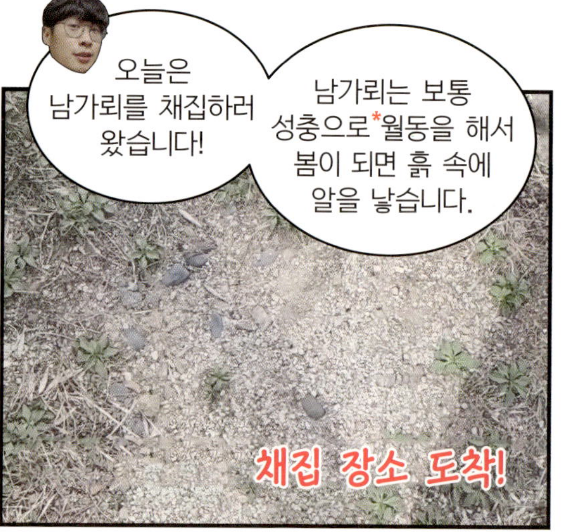

*월동: 생물이 겨울을 극복하기 위해 하는 행동.

**브린이를 위한 상식**

의사 행동이란 곤충이 천적을 만나거나 위험에 처했을 때 스스로 죽은 척하는 행동을 의미해요. 일부 잠자리 애벌레와 개미귀신 등 다양한 곤충이 의사 행동을 통해 천적으로부터 몸을 지켜요.

혹시나 봄에
봄나물을 캐려다가
남가뢰 위에 앉는다거나,
손으로 잡았다가
독액이 묻었을 때
그 손으로
얼굴을
만지면 굉장히
위험해요.
야외 활동을
한 후에는 비눗물로
잘 닦아 주는 게
좋습니다.
정말 조심해야 해요!
이 암컷은
알을 품고
있나 봐요.
암컷은
알이 차면
배가 부풀어
오르면서
커져요.
냠냠
쑥을 먹고 있네.
남가뢰를 키우기
위해서 먹이로 쑥을
가져갈게요.
쑥
잘 먹고
잘 싸네요.
똥
사육하는 데
이 정도 양이면
충분한 것
같아요.

짝짓기를 열심히 하고 있는데, 이렇게 보니 차이가 확실히 보이죠?

위가 수컷, 아래가 암컷이에요. 암컷이 훨씬 커요.

수컷

암컷

독액

여기 보이는 노란색 액체는 독액이에요.

관절에서 독액이 나와요.

피부 질환이 있는 사람에게는 특히 위험해요.

사람을 물지는 않아요.

덥석

우아, 엄청 커요!

집으로
복귀했어요!
이제 남가뢰
사육을 위한
사육장을 만들어
볼게요.
저는 발효
톱밥으로 바닥재를
세팅해 볼게요.
자연에 있는
흙을 사용해도
좋습니다.

먼저 준비한
사육 통에 바닥재를
담아 주세요.
와르르
땅을 파서
방을 만든 후에
산란을 하는데,
산란을 할 때는
5~10cm 정도
땅을 팝니다.
한 번의 산란으로
약 2천 개의 알을 낳으며,
짝짓기를 반복해 5번
산란을 합니다.

꾹 꾹
바닥재를 손으로
꽉꽉 눌러
뭉쳐 줄게요.
방을
만들어야 하기
때문에 땅이
단단해야 해요.
꾹 꾹

그 후 분무기로 바닥재에 수분을 채워 줘요.
칙 칙
가뢰는 봄에 많이 활동하는데, 봄에는 쑥이나 잡초가 많이 나 있어서
먹이 공급이 수월합니다.
낙엽이나 잡초 등으로 채워요.

남가뢰 하우스 완성~
여기가 우리 집이래!
벽에 묻은 물을 핥아 먹는 중이에요.
홀짝
홀짝

사육장은 너무 습하면 안 되고 적당한 물기는 있되,
금방 마를 수 있도록 환기를 자주 시켜 줘야 해요.
사람을 물진 않지만,
다리 사이의 관절에서 독액이 나오기 때문에 만질 때 조심해야 해요.

가뢰의
애벌레는 굉장히
독특해요.

애벌레들은
태어나면 식물에
붙어서 꽃인 척
살아갑니다.

## 브린이를 위한 상식

남가뢰 유충은 태어나자마자 본능적으로 근처의 꽃이나 식물로 이동해요. 꿀을 모으기 위해서 온 벌에 붙어서 벌이 벌집으로 돌아가면 벌집 안에 있는 애벌레와 꿀을 빼어 먹으면서 성장하지요.

오! 손으로
잡으니까
관절에서 독액을
내뿜었어요.

이 독액을
다른 천적의 몸에
묻혀 적을 도망가게
만듭니다.

독액

재미있는
채집이었습니다!

앞으로
잘 부탁해!

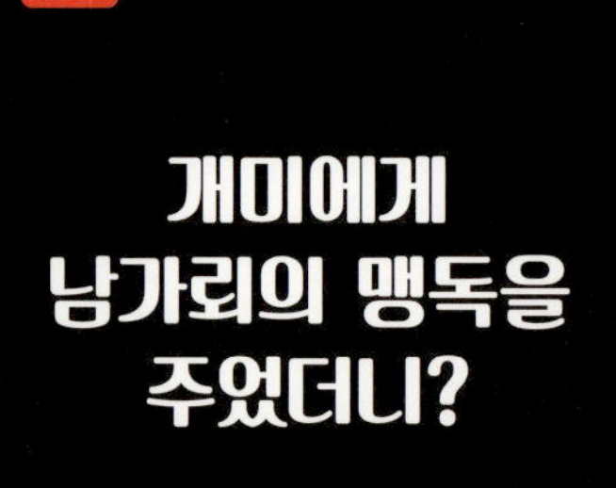

**브린이를 위한 상식**

남가뢰는 칸타리딘이라는 독을 가지고 있는 곤충이에요. 건드리면 다리의 관절에서 노란색 독액이 나오지요. 남가뢰의 독이 사람의 맨살에 닿으면 통증과 함께 빨갛게 부어오르거나 물집이 생겨요.

## 브린이를 위한 상식

남가뢰의 독 성분인 칸타리딘은 고대 그리스에서 의약품처럼 사용하기도 했어요. 하지만 사람에게 염증을 일으키는 등의 부작용이 있어, 지금은 의약품에 사용하지 않아요.

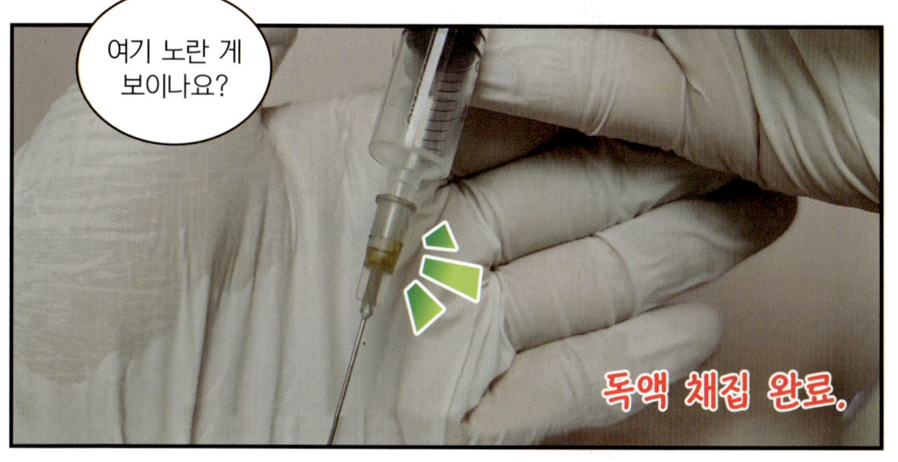

색이 진한 게
독의 원액이고
나머지는
물에 타서
희석했어요.
물 섞인 독
원액
실험을 위해 칸타리딘 분배
오늘의
실험체는 혹개미와
홍가슴개미
입니다!

먼저
홍가슴개미에게
줘 볼게요.
바글
바글
잠시 관찰을
해 볼게요.

한 마리가
냄새를
맡고 있어요.
조심
이게
뭐야?
헉!
이건…!
휙

저기에 이상한 거 있어!
웅성
웅성
친구들을 불러 모으는 중
이리 와 봐!
어디?
따라간다!
주변을 탐색 중이에요.
이거 말하는 거야?
방금 한 마리가 물에 희석한 독을 빨아들였어요.
맛이 좀 특이한걸.
할짝
어? 그건 원액인데…!
슥
물인가?
으악! 이게 뭐야!
후다닥
ㅋㅋ 깜짝 놀랐다.

이번에는 혹개미에게 주도록 하겠습니다.

자세히 보면 병정개미 사이에 여왕개미가 한 마리씩 숨어 있어요.

지금 알을 열심히 낳는 중이에요.

혹개미는 자체 생식도 가능하고 번식력이 굉장히 뛰어나요.

혹개미는
물을 굉장히
좋아해요.

물도 같은
반응일지 한번
떨어트려 볼게요.

독

물

독액에 무관심한 불개미

시큰둥

개미들도
독에 대해서
반응을 하고 안 하고의
차이가 있을뿐더러,
먹이의 선호도가
다른 것 같아요.

오늘의 실험은
'칸타리딘을
먹기는 하지만 종마다
다르다'라는
결론입니다~!

쐐기나방은 몸과 다리가 털로 덮여 있으며, 쐐기벌레라고 불리는 쐐기나방의 유충은 대부분 독침을 가지고 있어요. 우리나라에는 약 25종의 쐐기나방이 서식하고 있지요.

노랑쐐기나방 유충

### ⋆정브르의 생물 탐구⋆

**생물 이름: 노랑쐐기나방**

노랑쐐기나방은 주로 5월에 번데기가 되었다가 탈바꿈하여 6~8월쯤에 성충이 돼요. 나방은 빛에 반응하는 주광성 생물이어서 밤이 되면 가로등의 불빛에 모여들지요.

- 크기: 몸길이 약 16mm, 날개 길이 약 28~35mm
- 먹이: 과즙, 이슬 등
- 사는 곳: 한국, 일본, 중국 등
- 특징: 앞날개에 갈색 무늬가 있음.

### ⋆병해충⋆

병해충은 주로 농작물에 피해를 입히는 병과 해충을 뜻해요. 노랑쐐기나방의 유충은 나무의 잎을 전부 갉아 먹으면서 자라기 때문에 병해충으로 지정되어 있어요.

우리나라에는 다양한 나방의 유충이 작물에 피해를 주고 있어요. 과실 속으로 들어가 손해를 입히는 담배나방과 파, 마늘 등의 작물을 갉아 먹는 파좀나방 등 다양한 해충이 있지요.

병해충으로 피해 입은 농작물

## 브르의 숨은 그림 찾기

꼭꼭 숨어 있는 그림 5개를 찾아보세요.

숨은 그림 5개
딸기 모자 휴대전화 우산 가위
출동이다!!
부아앙~

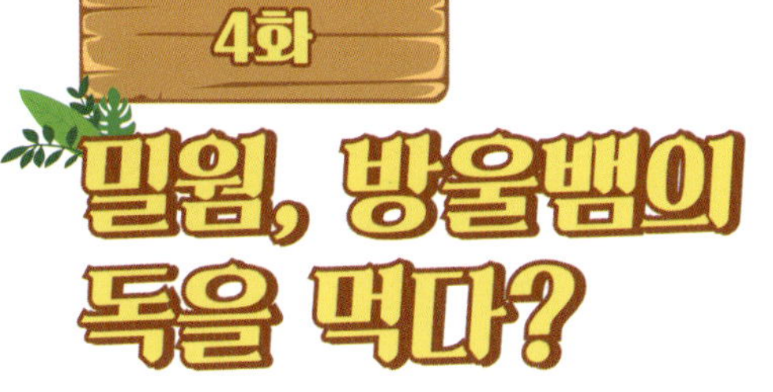

# 4화 밀웜, 방울뱀의 독을 먹다?

**브린이를 위한 상식**

방울뱀은 위험이 느껴지면 꼬리를 빠르게 흔들어 '딸랑딸랑' 소리를 내요. 허물을 벗을 때마다 꼬리 끝에 허물이 남아서 각질 고리가 생기는데, 이 고리들이 부딪히면서 소리가 나지요.

**브린이를 위한 상식**

방울뱀의 독은 주로 출혈 독으로, 피를 굳게 만들어요. 피와 같은 단백질과 반응하는 독이기 때문에 직접 섭취하는 것보다 혈관에 주입되는 게 더 위험하지요. 반대로 코브라는 몸을 마비시키는 신경독을 사용해요.

*괴사: 생체 내의 조직이나 세포가 부분적으로 죽음.

오늘 실험할 생물은 밀웜과 귀뚜라미예요.
플라스틱 통에 함께 넣고 실험해 볼게요!
끈질긴 생명력을 가진 밀웜과 귀뚜라미!
위험에 대비해서 장갑을 끼고 진행할게요.
시간이 지나니까 독이 굳었어요.
굳어서 나오지 않는 독
휴지로 독을 닦아 묻힐게요.
싹
싹
독이 굳어서 찐득한 젤리 같네요.
독이 묻은 휴지 투입!

귀뚜라미도
반응을
보이네요.

이게
뭐지?

물로 착각해서
독을 먹을 수 있도록
물을 조금
묻혀 볼게요.

물인가?

물을 뿌리자마자
귀뚜라미가
먹고 있어요.

할짝

물
맛있네!

할짝

그래도 반응이
좀 별로예요.

귀뚜라미를
더 넣을게요.

뭐야,
뭐야?
바글 바글
즉각
반응을 보이는
귀뚜라미!
이거
먹어 볼까?
할짝

소량이더라도
굉장히 강한 독이에요.
물에 희석해도
매우 강해요.
과연 먹고
어떻게 될지 너무
궁금하네요.
할짝
할짝
귀뚜라미들이 다 먹는 중

맛있나?
관심
나쁘지
않네.
냠냠
냠냠

*용화: 곤충의 애벌레가 번데기로 되는 일.

브르,
안녕!

이곳에는
다양한 동물이
살고 있어요!

브르가
왔어?

개굴
개굴!

나랑
놀자~!

**브린이를 위한 상식**

서부다이아몬드방울뱀은 미국 동·서부, 멕시코에 서식하는 뱀으로, 평소에는 작은 구멍의 틈이나 풀숲에 숨어 있다가 주로 사냥을 할 때만 돌아다녀요. 성격이 사나우며, 방울뱀 중에서도 특히 긴 독니를 가지고 있는 편이에요.

## 브린이를 위한 상식

방울뱀은 쥐, 개구리, 도마뱀 등을 잡아먹어요. 방울뱀은 주로 독니로 먹잇감을 물어서 사냥을 한 후에 통째로 삼켜서 강력한 소화액으로 분해를 해요.

먹이가
죽었는지 확인하는
중인가 봐요.
킁킁
나 밥
먹는다?
힐끔
맛있게 먹으렴~.
쩌억
우걱
우걱
와아….
살벌합니다!
씨익
맛있다!

*아종: 같은 종이지만 다른 지역에 살며 조금씩 다르게 변화한 생물을 말함.

이 친구가
가분 바이퍼입니다.
비슷하게 생겼죠?
가분 바이퍼
라이노
바이퍼는
아프리카에 사는
친구예요.
자,
밥 먹자~.
밥이다!
스윽
쩌억
살벌
덜덜
이빨 봐….
음~.
맛있다!
와구 와구

이 친구들은 낙엽 속에 숨어 있으면

구분하기 힘들 정도로 몸을 숨기는 데 유리한 무늬를 갖고 있어요.

찾을 수 있으면 찾아봐!

자연에서 마주치면 도망가야 해요!

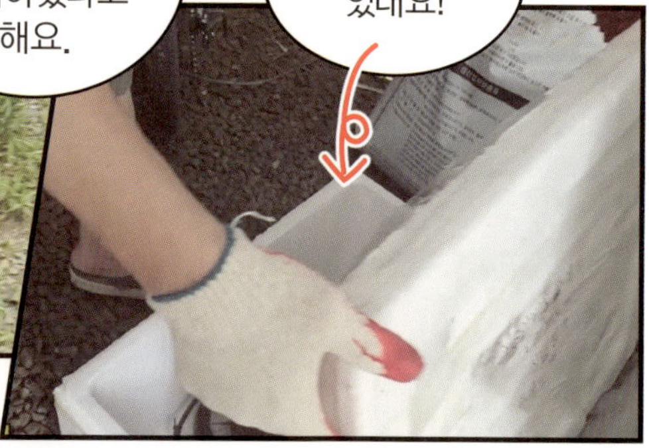

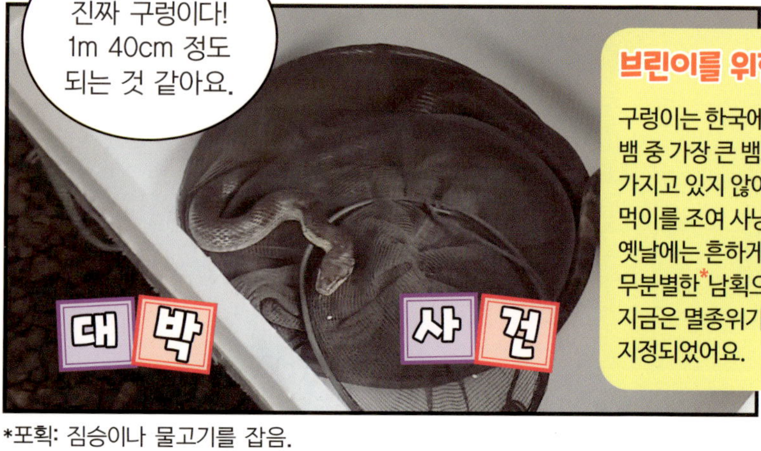

**브린이를 위한 상식**

구렁이는 한국에 서식하는 뱀 중 가장 큰 뱀으로, 독을 가지고 있지 않아서 큰 몸으로 먹이를 조여 사냥해요. 옛날에는 흔하게 볼 수 있었으나 무분별한 *남획으로 인해 지금은 멸종위기종 2급으로 지정되었어요.

*포획: 짐승이나 물고기를 잡음.
*남획: 짐승이나 물고기를 마구 잡음.

*로드킬: 동물이 도로에 나왔다가 자동차 등에 치여 죽는 사고.

구렁이는 멸종 위기종이에요.
구렁이를 발견했을 때 대처해야 할 방법으로 첫 번째는 야생 동물 보호 협회에 연락하는 거예요.
협회가 수거하고 안전한 곳으로 옮길 수 있도록 해야 합니다.

연락이 힘들 경우에는 아주 깊은 산속에 방생해 주어야 해요.
민가에서 최대한 멀리 풀어 주는 게 동물에게도 사람에게도 좋은 방법이에요.

꺼내서 자세히 볼까요?
조심
조심
짠
이거 봐!

와, 진짜 커요.
길쭉
다행히 구렁이는 독이 없어요.
하지만 물렸을 경우에는 세균에 감염될 위험이 있어서 조심해야 해요.
자연으로 보내 주세요!
구렁이랑 독사가 구분이 안 되는 분들은 이렇게 만지면 안 됩니다!
양파망에 보관하는 게 좋아요.
스윽
이렇게 보관한 후에 옮기는 게 가장 안전합니다.

야생 동물 보호 협회에 전화를 했는데, 주말에는 못 오는 곳도 있다고 해요.
빠르게 해결하고 싶으면 119에 문의해요.
수거해서 안전하게 방생 또는 치료를 해 주신다고 합니다.

119에서 와 주셨어요!
구렁이를 담은 박스를 거둬 가실 거예요.

저희가 인근 산으로 잘 보내 줄게요~.
안녕, 잘 살아야 해~.

저는 119에
연락해서
잘 해결했지만

구렁이를
만질 수 없는 분들은
안정을 취한 후에,
신고해서 최대한
빠르게 가져갈 수 있도록
하면 됩니다.

독사에게
물렸을 때 대처법을
알려 줄게요.
냉찜질과 온찜질을
하면 절대
안 돼요.

첫 번째,
물린 부위가
심장 아래에 있게
해야 하고

두 번째,
심장 박동수가
올라가지 않게 흥분을
가라앉히고 안정을
취해야 해요.

세 번째는
골든타임이에요.
30분 이내에 병원에
도착해 치료받아야
해요.

중요한 건
독사의 종류를
알아야 해요. 물린 독사의
종류를 알아야 그에 맞는
약 투여와 빠른 치료가
가능해요.

꼭 기억해서
안전사고에
대처하길
바랍니다!

**브린이를 위한 상식**

독사를 피하기 위해서는 산에 갈 때 긴 옷을 입고, 풀숲을 다닐 때도 주의해야 해요. 독사에게 물렸다면 빠르게 신고하거나 병원으로 이동해서 독이 몸 안에 퍼지는 것을 막아야 하지요.

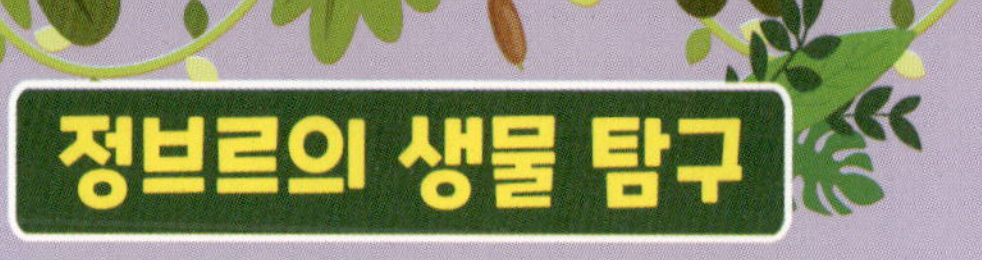


방울뱀은 꼬리에서 나는 방울 소리로 위험으로부터 자신을 보호하고 천적을 위협해요. 그 때문에 소리가 크고 시끄럽지만, 정작 방울뱀은 자신이 내는 소리를 듣지 못해요.

**⋆정브르의 생물 탐구⋆**

**생물 이름: 서부다이아몬드방울뱀**

서부다이아몬드방울뱀은 방울뱀의 일종으로, 긴 독니를 가지고 있어요. 수컷이 더 크며 몸은 옅은 갈색이에요. 주로 모래나 흙에 파묻혀 먹잇감이 다가올 때까지 기다려서 사냥하지요.

- 크기: 약 1.5m
- 먹이: 쥐, 개구리 등
- 사는 곳: 미국, 멕시코의 반사막 지역
- 특징: 꼬리를 흔들면 방울 소리가 남.

**⋆우리나라에 사는 독사⋆**

우리나라에 사는 가장 대표적인 독사는 살무사예요. 살무사의 독은 출혈을 일으키는 출혈 독이며, 일반 뱀과 달리 삼각형 모양의 머리를 가지고 있어요. 주로 골짜기 주변에 서식하면서 쥐, 개구리 등을 잡아먹지요.

그 외에 우리나라에 서식하는 독사로는 유혈목이, 바다뱀 등이 있어요.

살무사

## 무시무시한 독을 가진 맹독 생물

상자해파리는 '바다의 말벌'이라고 불릴 만큼 강한 독을 가지고 있어요. 상자해파리에게 쏘이면 극심한 고통을 느낄 수 있으며, 상자해파리의 독으로 목숨을 잃는 사람도 많아요.

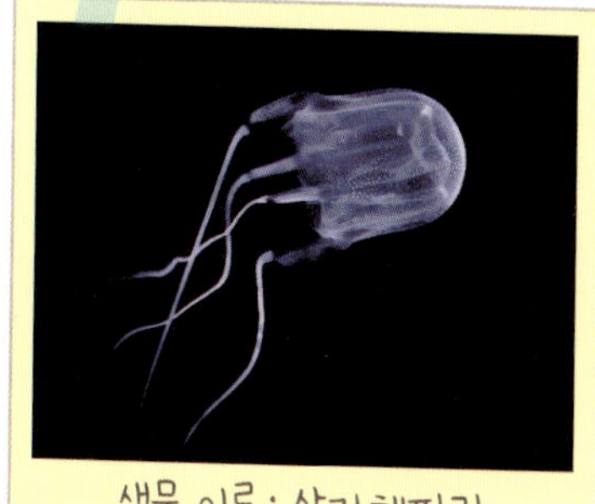

생물 이름: 상자해파리

생물 이름: 독화살개구리

독화살개구리는 독성을 가진 먹이를 먹어 독을 만들어 내는 특이한 능력이 있어요. 아마존 원주민들은 이 독으로 독화살을 만들어 사용하기도 했어요.

사탕수수두꺼비는 지구에 서식하는 두꺼비 중에서도 몸집이 큰 두꺼비예요. 사탕수수두꺼비의 독은 악어도 죽일 만큼 강력하지요.

생물 이름: 사탕수수두꺼비

생물 이름: 검은맘바

공격성이 강하고 입 안이 온통 검은색인 검은맘바는 블랙맘바라고도 불려요. 코브라과의 뱀답게 강한 독을 가지고 있어, 물리면 발작과 경련 같은 증상이 발생해요.

생물 이름: 오리너구리

수컷 오리너구리의 뒷발에는 커다란 독 가시가 있어요. 오리너구리의 독은 신경독으로 심한 고통을 주지만, 당뇨병 치료에 도움이 된다는 연구 결과가 있어요.

생물 이름: 박차날개기러기

혹부리기러기라고도 하는 박차날개기러기는 독을 가지고 있는 새예요. 독성이 있는 먹이를 먹어 몸속에 독을 저장하는 특징이 있어요.

5화

# 바다를 누비는 초대왕 독해파리

안녕하세요, 여러분. 이곳은 부산이에요!

오늘은 굉장히 많은 피해를 주고 있는 해파리를 만나 보고 어떻게 대처할지 알려 드리겠습니다.

과연 어떤 해파리일까~?

해파리의 개체 수가 작년에 비해 올해에 더 늘어났어요.

지구 온난화 현상으로 해수(바닷물) 온도가 상승해서 해파리의 먹이인 플랑크톤이 풍부해졌기 때문이라고 해요.

저기 있다!

멀지만 눈에 띄는 대형 그림자

**브린이를 위한 상식**

대부분의 해파리는 눈, 코, 귀와 같은 감각 기관이 없어, 본능에 따라 바다를 헤엄치면서 살아가요. 해파리의 촉수에는 독침 세포가 있어서, 촉수에 먹이나 천적이 닿으면 독침을 발사해 사냥을 하거나 자신을 보호하지요.

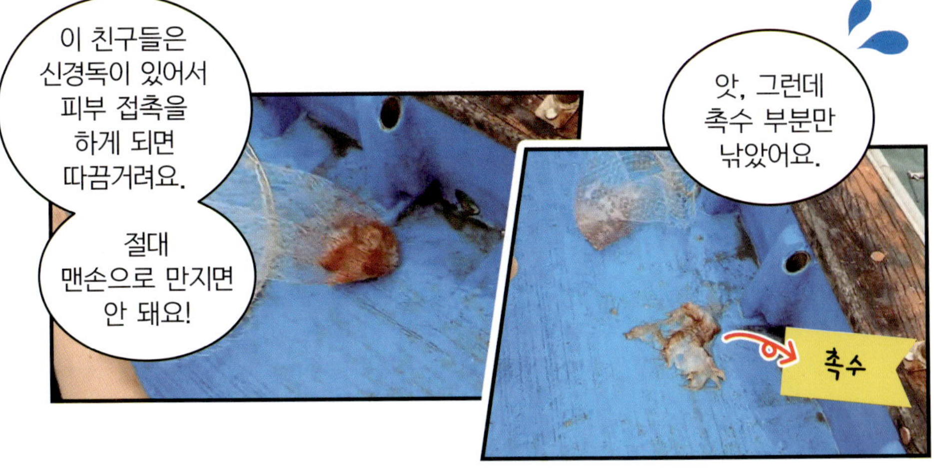
이 친구들은
신경독이 있어서
피부 접촉을
하게 되면
따끔거려요.
절대
맨손으로 만지면
안 돼요!
앗, 그런데
촉수 부분만
낚았어요.
촉수

거
대
그때 등장한 초대왕 해파리.

이야압!
포획 성공!
철퍽

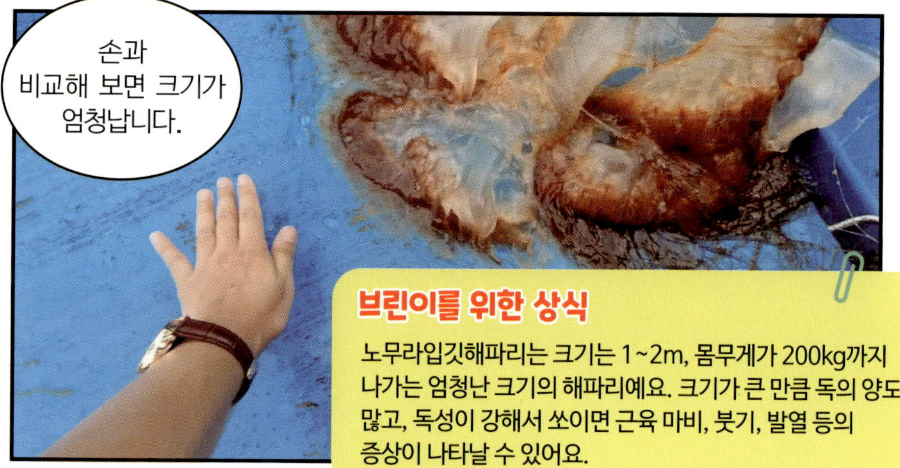


**브린이를 위한 상식**

노무라입깃해파리는 크기는 1~2m, 몸무게가 200kg까지 나가는 엄청난 크기의 해파리예요. 크기가 큰 만큼 독의 양도 많고, 독성이 강해서 쏘이면 근육 마비, 붓기, 발열 등의 증상이 나타날 수 있어요.

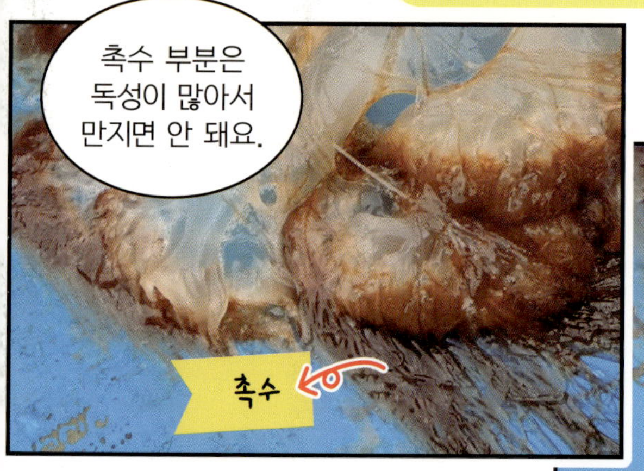

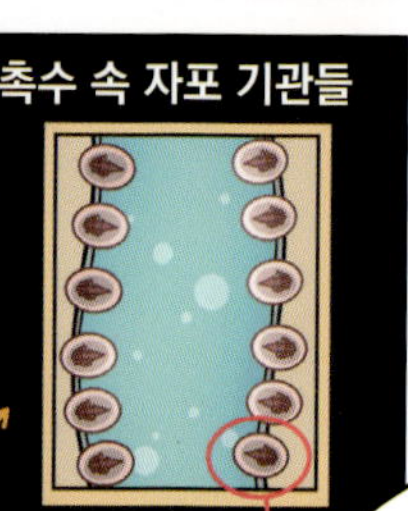

닿으면 무조건
찔리는 구조예요.
해독제도
없어서 굉장히
위험합니다.

작은부레관해파리

작은부레관
해파리랑

유령해파리가
특히 독성이
엄청나요.

그 외에도
대부분의
해파리가 독성이
있다는 것을 알고
있으면 좋을 것
같아요.

우리나라 해파리 독성 농도

보름달물해파리 < 노무라입깃해파리 < 커튼원양해파리 < 유령해파리 < 작은부레관해파리

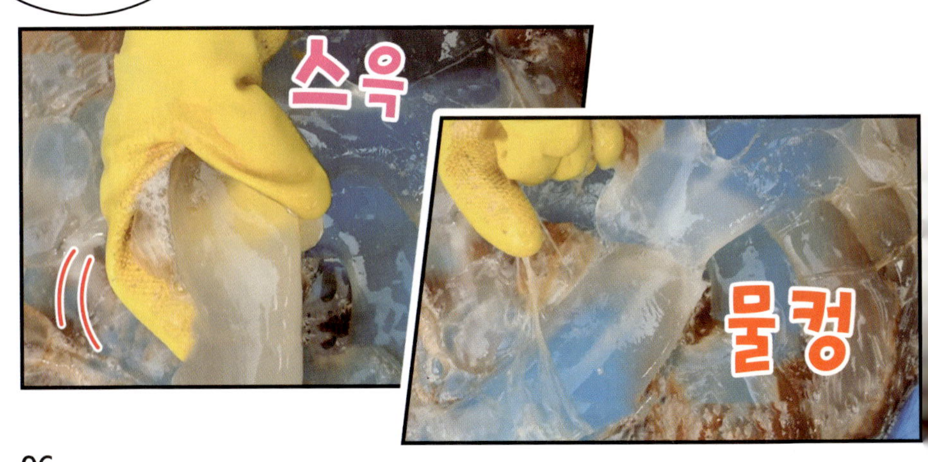

해파리를 잡으려 하는데 쉽게 부서지네요.
젤라틴 같아요.
말랑 말랑
이 해파리는 100kg까지도 나간대요.
쫙쫙 갈라지는 해파리
해파리 잡으려고 열심히 노력했지만 한 마리밖에 못 잡았어요.
수면 위에서 보면 별로 없어 보이는데 수면 아래는 훨씬 심각한 상황이라고 해요.
노무라입깃해파리는 2m까지 성장을 하고 200kg까지 무게가 나간다고 해요.
무려 10m까지 자라는 해파리도 있대요.
해파리는 몸의 90% 이상이 수분으로 이루어져 있어요.

## 독해파리를 밀웜에게 주다!

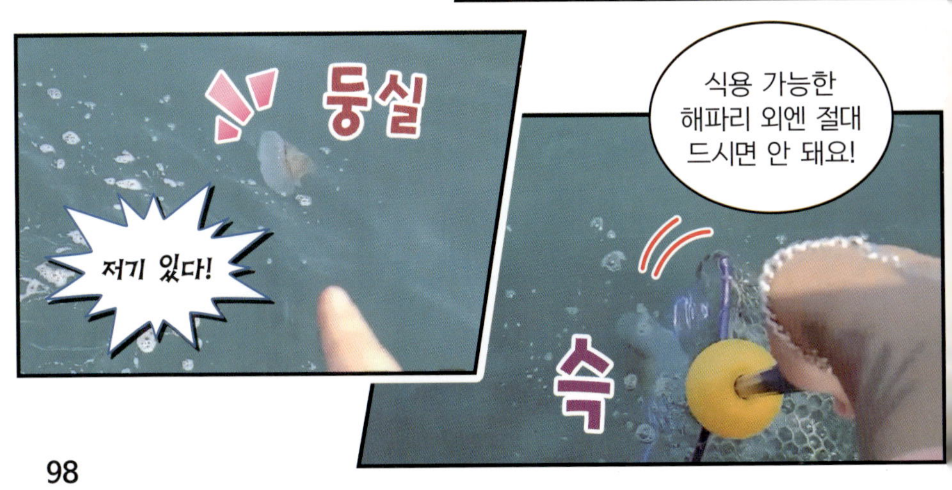

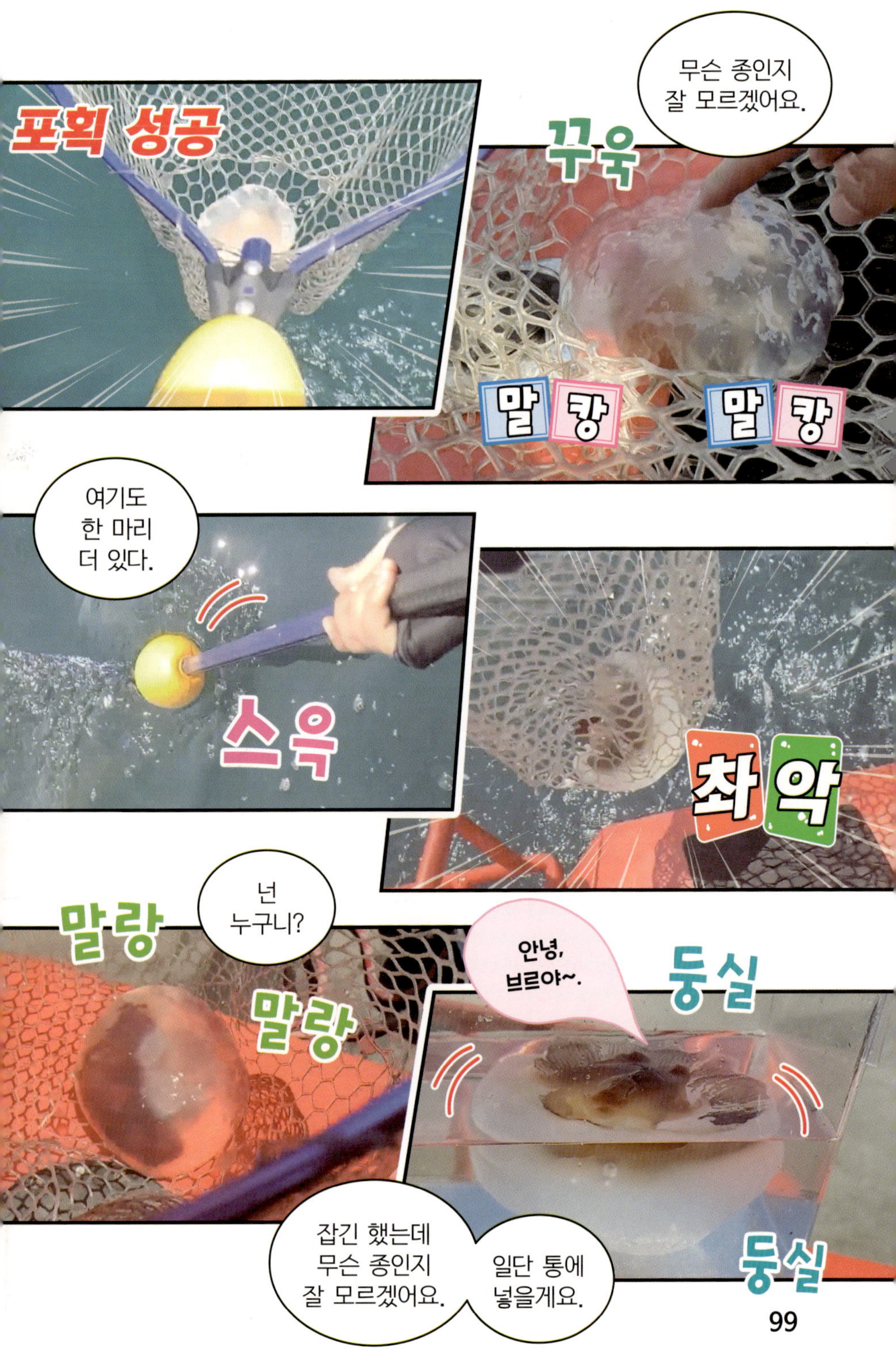
포획 성공
무슨 종인지 잘 모르겠어요.
꾸욱
말캉 말캉
여기도 한 마리 더 있다.
스윽
촤악
말랑
넌 누구니?
말랑
안녕, 브르야~.
둥실
잡긴 했는데 무슨 종인지 잘 모르겠어요.
일단 통에 넣을게요.
둥실

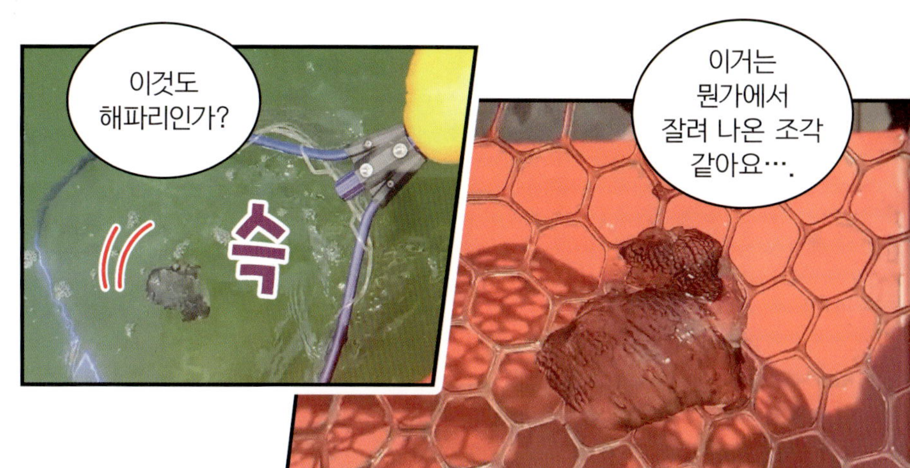
이것도
해파리인가?
쓱
이거는
뭔가에서
잘려 나온 조각
같아요….

해파리인 줄
알았는데
비닐장갑이었어요….
둥 둥
이후에도
해파리를 잡지
못했어요.
대신 선착장에서
선장님들이 잡으신
해파리를
구경해 볼게요.

어? 이건
커튼원양해파리입니다.
독성이 매우
강해요.
절대 맨손으로
만지면
안 됩니다.

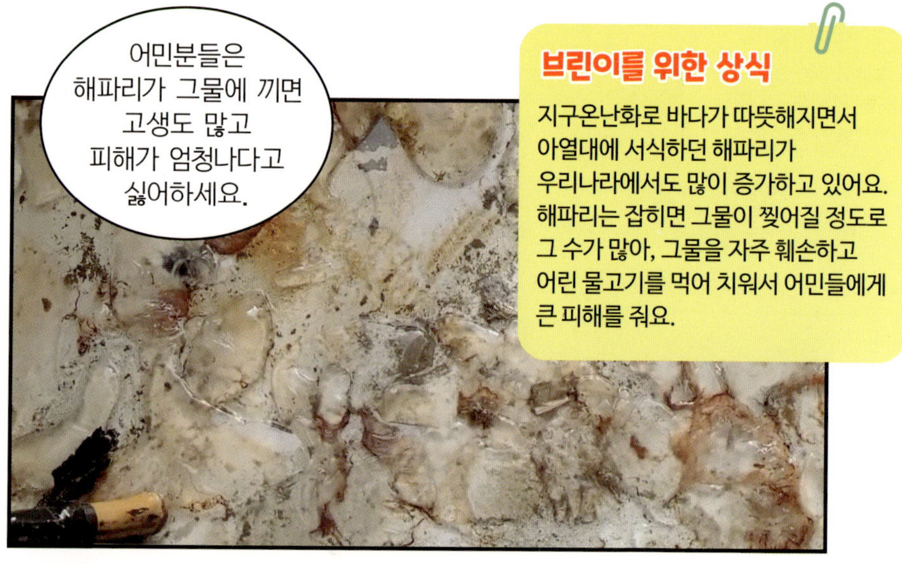


**브린이를 위한 상식**

지구온난화로 바다가 따뜻해지면서 아열대에 서식하던 해파리가 우리나라에서도 많이 증가하고 있어요. 해파리는 잡히면 그물이 찢어질 정도로 그 수가 많아, 그물을 자주 훼손하고 어린 물고기를 먹어 치워서 어민들에게 큰 피해를 줘요.

말랑 말랑

집으로
가져갈게요.

스윽

저는 손으로
하고 있지만 절대
따라 하면
안 됩니다!

탱글 탱글

철퍽

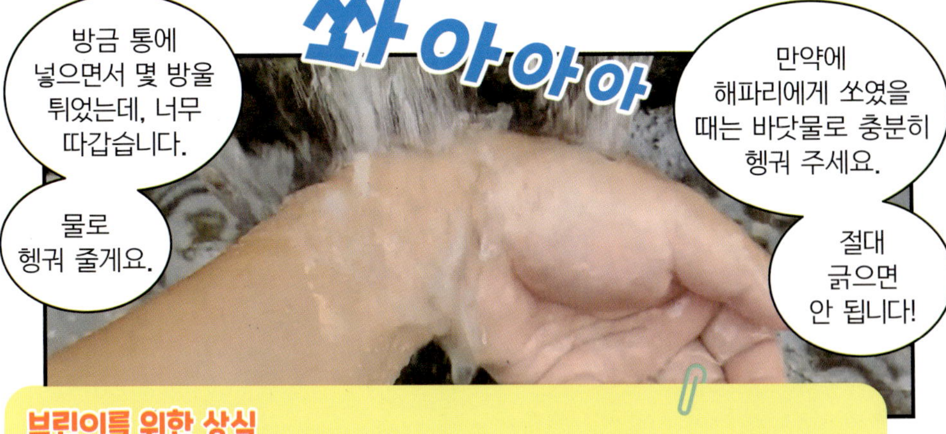


**브린이를 위한 상식**

해파리에게 쏘였을 때는 바로 119에 신고해야 해요. 그리고 바닷물이나 식염수로 쏘인 부위를 씻어 내고, 신용카드와 같은 딱딱한 카드로 쏘인 부위에 남아 있는 독침을 제거해야 하지요.

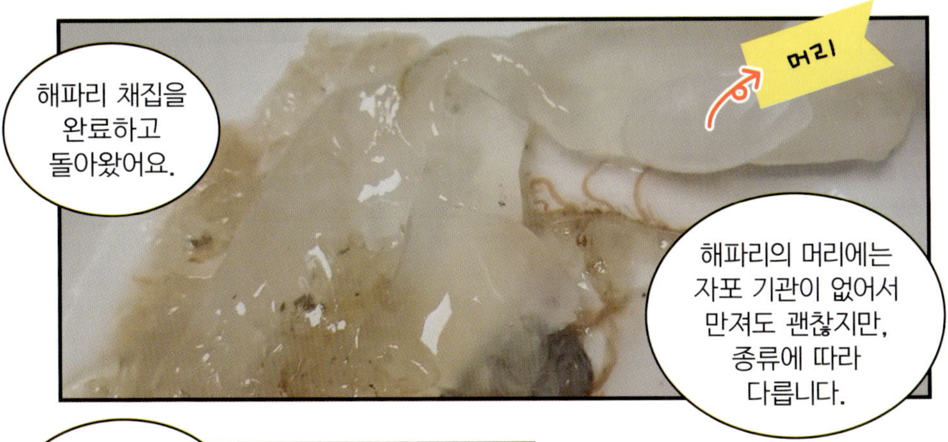

해파리 채집을 완료하고 돌아왔어요.

머리

해파리의 머리에는 자포 기관이 없어서 만져도 괜찮지만, 종류에 따라 다릅니다.

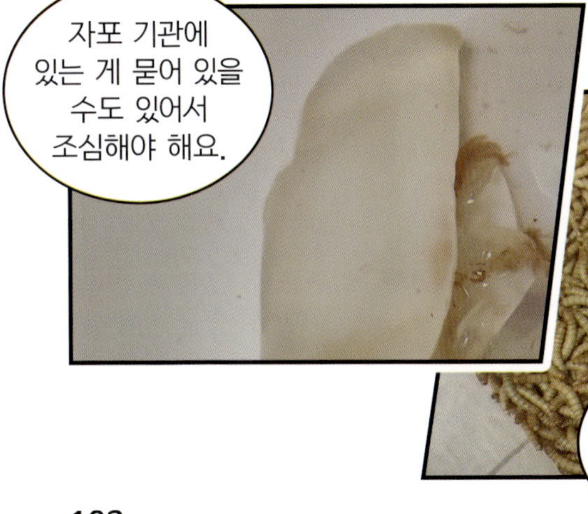

자포 기관에 있는 게 묻어 있을 수도 있어서 조심해야 해요.

또, 우리야?

오늘의 실험체, 엄청난 생명력을 가진 밀웜입니다.

촉수
길쭉한 게 촉수예요.
밀웜에게 이 촉수를 먹일 겁니다.
스윽
과연 먹을까요?
밥이야?
말캉해!
해파리가 바다 생물이라 염분이 있을 텐데,
염분 조절 능력이 없는 곤충에게 염분이 있는 걸 먹이면 좋지 않아요.
맛있는데?
냠냠
역시 밀웜! 일단 먹기 시작합니다.

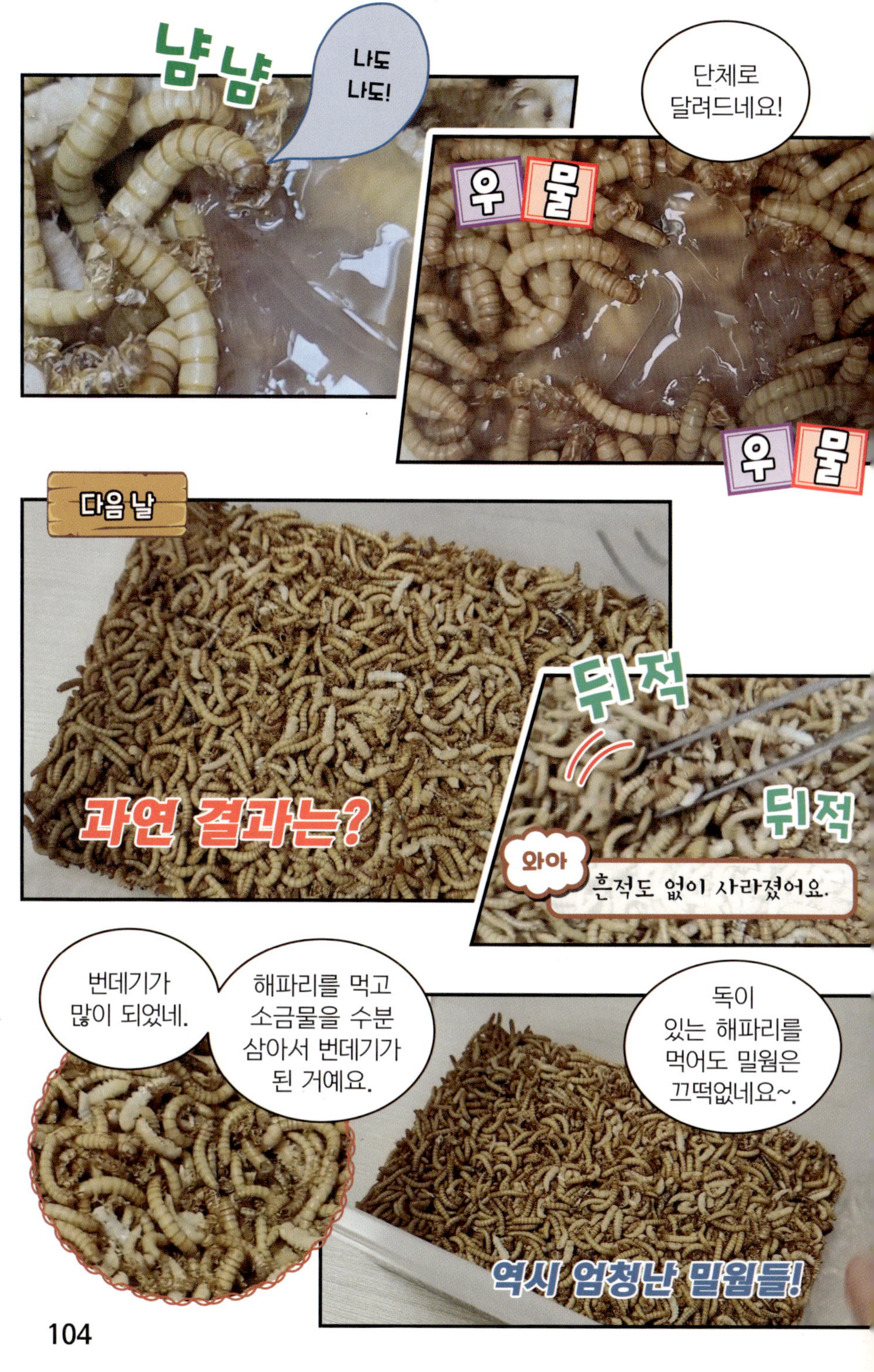
냠냠
나도
나도!
단체로
달려드네요!
우물
우물
다음 날
과연 결과는?
뒤적
뒤적
와아
흔적도 없이 사라졌어요.
번데기가
많이 되었네.
해파리를 먹고
소금물을 수분
삼아서 번데기가
된 거예요.
독이
있는 해파리를
먹어도 밀웜은
끄떡없네요~.
역시 엄청난 밀웜들!

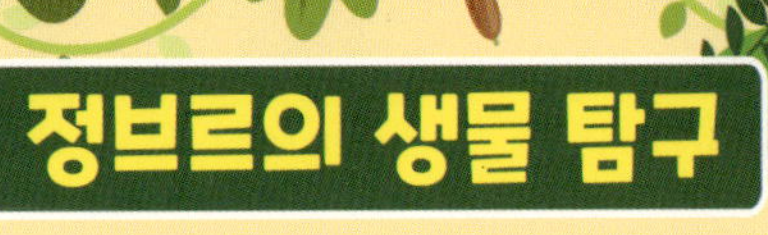


해파리는 움직이는 힘이 약해서 파도에 몸을 맡겨 바다를 떠돌아요. 그래서 운동 능력이 없는 플랑크톤에 해당하지요.

**★정브르의 생물 탐구★**

영상으로 확인해 봐요!

**생물 이름: 노무라입깃해파리**

노무라입깃해파리의 이름은 발견자인 노무라 칸이치의 이름에서 유래되었어요. 지구 온난화로 인해 한국 주변 바다에서 점차 많이 발견되면서, 어업뿐만 아니라 바다에 놀러 온 사람들에게도 큰 피해를 주고 있어요.

- 크기: 1m 이상
- 먹이: 플랑크톤, 작은 물고기
- 사는 곳: 한국, 일본, 중국 주변의 바다
- 특징: 무게가 약 200kg으로 매우 무거움.

**★우리나라에 사는 해파리★**

우리나라에서는 노무라입깃해파리 외에도 다양한 해파리가 발견돼요. 우리나라에서 가장 흔하게 발견되는 보름달물해파리는 몸체의 가운데 특이한 고리 무늬의 생식소를 가지고 있어요.

독성이 강하다고 알려진 작은부레관해파리는 파랗고 투명한 몸을 가지고 있어서 비닐봉지로 오해할 수 있어요. 여러 개체가 하나의 군체를 형성하여 몰려다녀요.

보름달물해파리

작은부레관해파리

6화

# 독 가시를 가진 맹독성 가오리 꼬리

가시

이렇게 작은 가시들이 있어서 조심해야 해요.

**브린이를 위한 상식**

노랑가오리의 꼬리는 가늘고 길며 독 가시가 있어요. 독 가시는 갈고리 모양으로 생겨서 피부에 박히면 큰 상처를 남겨요. 노랑가오리는 죽어도 독성은 어느 정도 남기 때문에 사체의 꼬리를 만지는 것도 위험해요.

이건 가오리의 독 가시예요. 굉장히 날카로워요.

뾰족

**브린이를 위한 상식**

노랑가오리는 꼬리의 가시에만 독이 있고, 몸에는 독이 없어요. 그래서 꼬리의 독 가시를 제거한 뒤 식용으로 사용하거나 수족관에서 기르는 경우도 있어요.

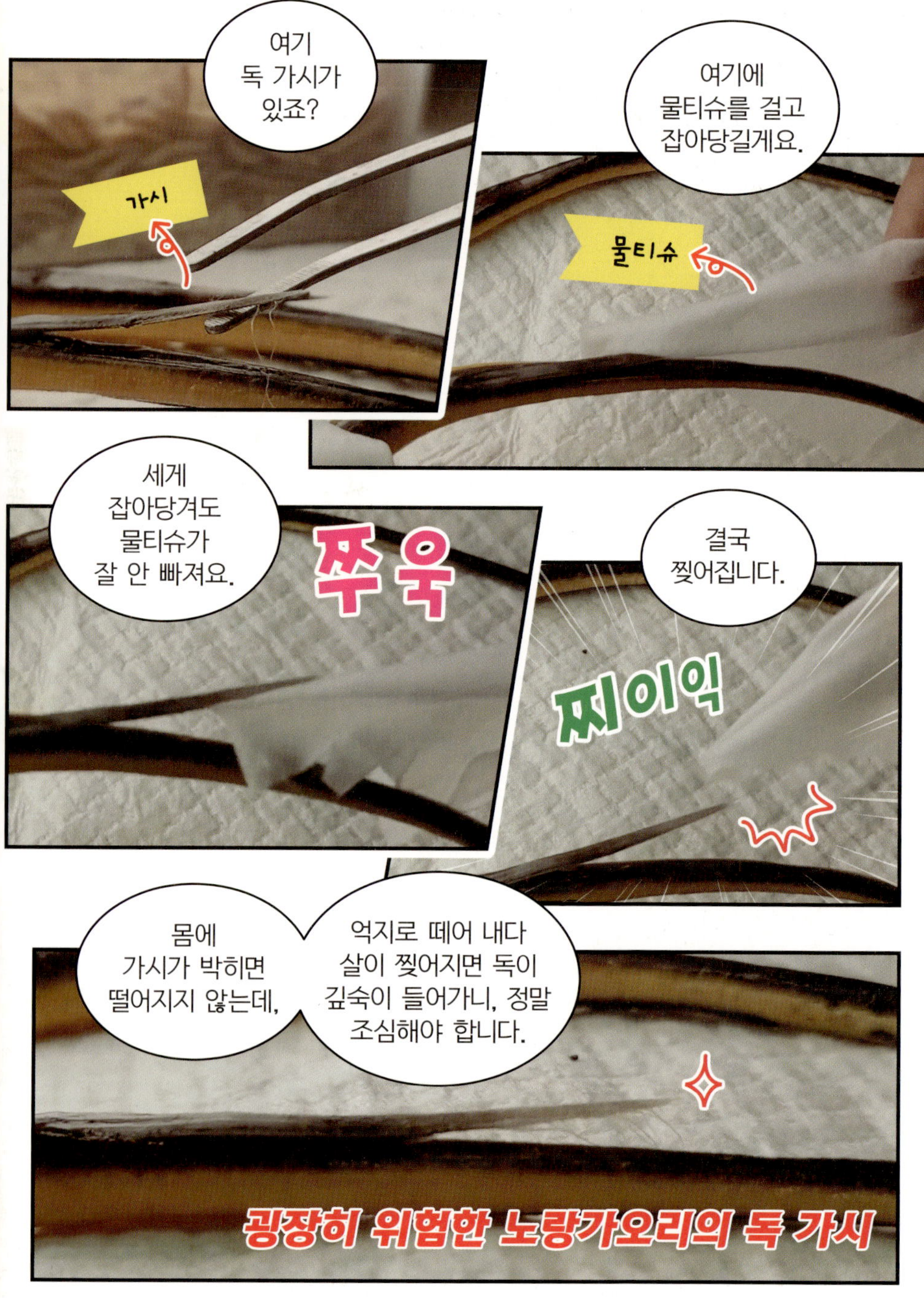

여기
독 가시가
있죠?
가시
여기에
물티슈를 걸고
잡아당길게요.
물티슈
세게
잡아당겨도
물티슈가
잘 안 빠져요.
쭈욱
결국
찢어집니다.
찌이익
몸에
가시가 박히면
떨어지지 않는데,
억지로 떼어 내다
살이 찢어지면 독이
깊숙이 들어가니, 정말
조심해야 합니다.
굉장히 위험한 노랑가오리의 독 가시

밀웜에게
가오리 꼬리를
줘 볼게요.
과연
맹독을 지닌
꼬리를 밀웜이
잘 먹을까요?
독 가시를
어떻게
먹을지 매우
궁금해요.
가오리 꼬리 투입!
이게
뭐지?
밥이다!
바 글 바 글
순식간에 꼬리를 뒤덮은 밀웜!
다음 날
두 둥

형체가 보이는 꼬리 뼈

뼈를
꺼내 볼게요.

스윽

작은 가시가
확실하게
보여요.

가시

*연골어류라 해서
뼈가 얇고 약할 줄
알았는데,

꽤 두껍고
튼튼한 뼈예요.

*연골어류: 뼈가 부드러운 연골로 이루어진 어류.

꼬리
두 개 중에
하나는 독 가시가
없어졌어요.
독 가시까지
먹다니 밀웜들
대단하네요.
아직
모자라!

길쭉
살벌해 보이는
노랑가오리 독 가시
와아~.
지방에서는
창가오리라고
불리는 이유가
있네요.

죽은 밀웜은
독 때문이 아니라
아래쪽에 수분 함량이
높아졌기 때문인 것
같아요.
이번에도
엄청난 먹성을
보여 줬네요~.

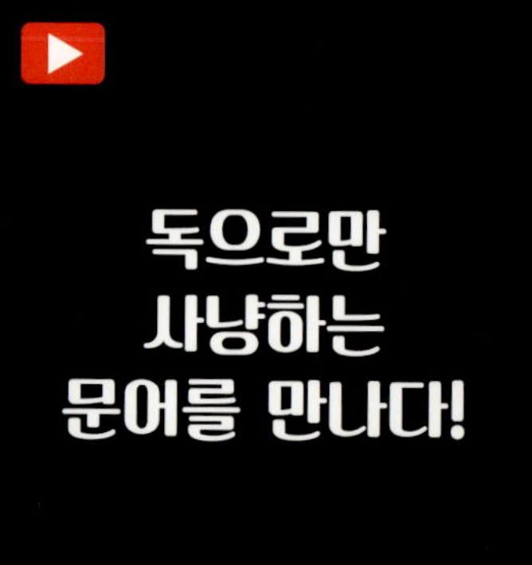

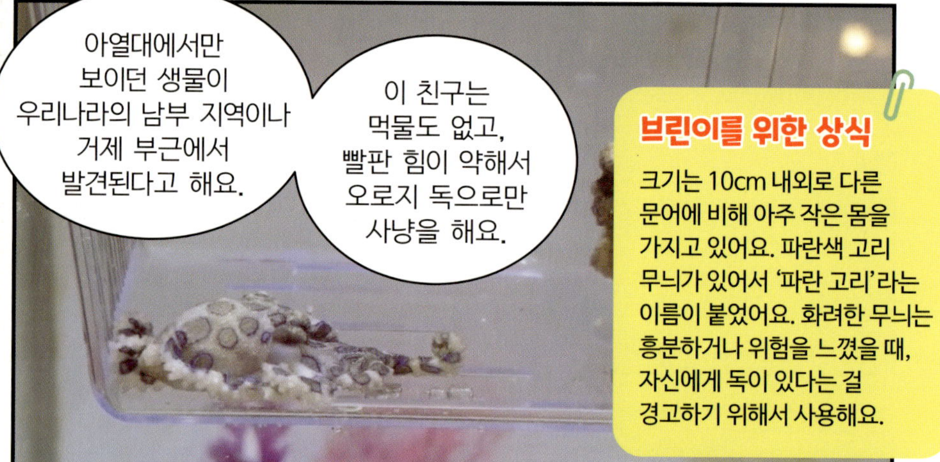


**브린이를 위한 상식**

크기는 10cm 내외로 다른 문어에 비해 아주 작은 몸을 가지고 있어요. 파란색 고리 무늬가 있어서 '파란 고리'라는 이름이 붙었어요. 화려한 무늬는 흥분하거나 위험을 느꼈을 때, 자신에게 독이 있다는 걸 경고하기 위해서 사용해요.

원래는
사진에 보이는 것
처럼 생겼는데,
위협을 받으면
파란 고리가 생겨서
파란고리문어라는 이름이
붙었다고 해요.
내가 좀
독특해.

외모만 봐서는
정말 귀여운데,
굉장히 위험한
친구예요.
그래서 사고가
일어나지 않도록
알려 주려고
해요.
사이즈는
약 10cm,
다리는 8개가 있고,
수명은
2~5년이에요.

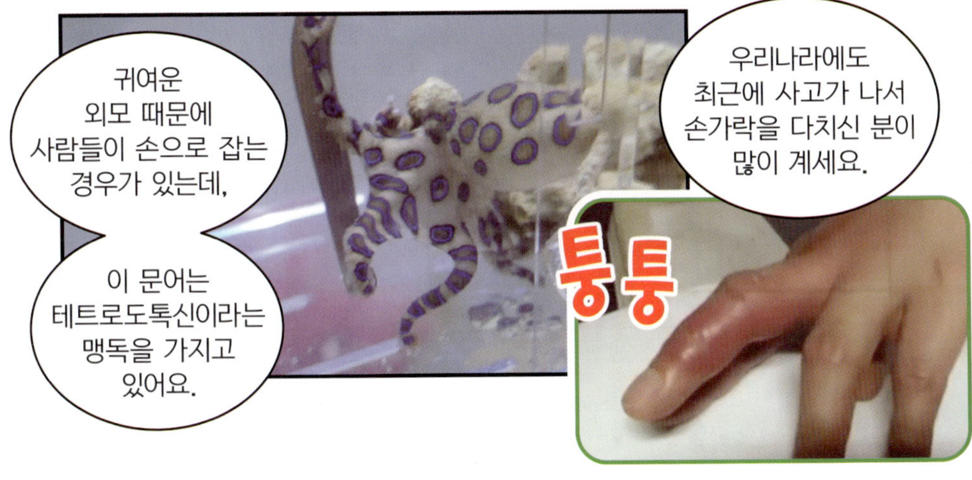
귀여운
외모 때문에
사람들이 손으로 잡는
경우가 있는데,
이 문어는
테트로도톡신이라는
맹독을 가지고
있어요.
우리나라에도
최근에 사고가 나서
손가락을 다치신 분이
많이 계세요.
퉁퉁

맹독성 1급인 아주 위험한 생물입니다.

작지만 강하다!

화려한 무늬 때문에 애완용으로 기르는 분들이 있다고 하는데,

여러분은 삼가시면 좋겠어요.

자연에서 만나더라도 모두가 안전할 수 있도록 근처에 있는 사람들에게 알려 주면 좋겠어요.

절대 만지지 마세요!

잡아서 장난치거나, 자랑하려고 하면 절대 안 되고,
근처 사람들에게 경고를 하거나, 해양 관리자분들에게 알려야 합니다.
만약 만나게 되면 인명 피해를 줄이기 위해 육지에 던지는 게 좋을 것 같아요.
나한테서 제대로 도망치라고!
다리를 모으고 살랑살랑 흔들고 있어요.
흔들 흔들
다리를 모으고 흔드는 행위는 경고를 주는 신호예요.
그때 건드리면 100% 독을 주입 당한다고 생각하면 됩니다.
덤벼!

파란고리문어는 6~9월에 산란을 하는데 50~100개의 알을 낳아요.
약 30~45일 후에 부화해요.
파란고리문어 알
원래는 우리나라에 서식하지 않았는데, 날씨가 따뜻해지면서
우리나라의 남해, 서해에서 나타나고 있어요.
←대한민국
바다에 가게 된다면 정말 조심해야 해요.
자연에서는 주로 갑각류를 사냥해 먹어요.
테트로도톡신이라는 독도 갑각류를 마비시키기 위한 독이라고 하네요.
나 강하지~?

**브린이를 위한 상식**

파란고리문어는 테트로도톡신이라는 독을 가지고 있어요. 이빨에 독이 있어서 보통 이빨로 물어서 먹잇감을 사냥하지요. 파란고리문어에게 물리면 마비, 구토 등의 치명적인 증상이 나타나요.

아주 소량으로도 기절, 구토, 마비, 호흡 곤란 같은 증세를 일으킬 수 있어요.

그 정도로 독성이 세서 야생에서는 강한 편이라고 해요.

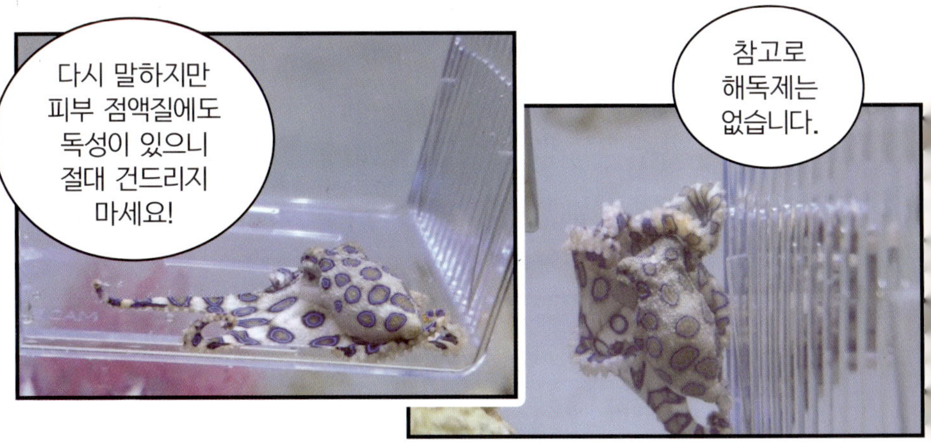

## 정브르의 생물 탐구

문어는 다리가 8개 있는 연체동물로, 주로 게, 새우와 같은 갑각류를 먹어요. 주면 환경과 비슷하게 몸 색깔이나 무늬를 바꿀 수 있어요.

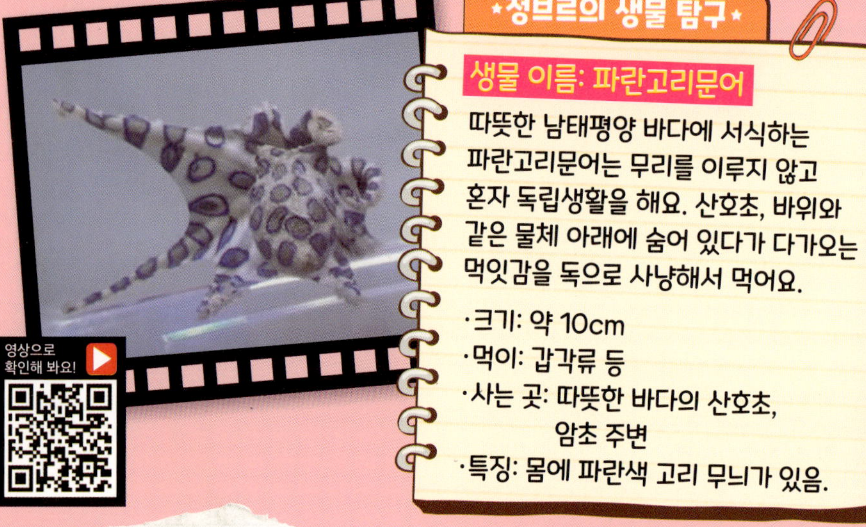


### ⋆정브르의 생물 탐구⋆

**생물 이름: 파란고리문어**

따뜻한 남태평양 바다에 서식하는 파란고리문어는 무리를 이루지 않고 혼자 독립생활을 해요. 산호초, 바위와 같은 물체 아래에 숨어 있다가 다가오는 먹잇감을 독으로 사냥해서 먹어요.

- ·크기: 약 10cm
- ·먹이: 갑각류 등
- ·사는 곳: 따뜻한 바다의 산호초, 암초 주변
- ·특징: 몸에 파란색 고리 무늬가 있음.

### ⋆파란고리문어와 청산가리⋆

청산가리라고 알려진 맹독의 정식 명칭은 사이안화칼륨이에요. 사이안화칼륨에 노출되면 두통, 어지러움 등의 증상이 나타나고, 끝내 사망할 수도 있는 맹독이지요.

파란고리문어가 가지고 있는 테트로도톡신의 독성은 청산가리의 약 10배라고 알려져 있어요. 파란고리문어는 종종 해변에서 발견이 되어서 더욱 조심해야 해요.

# 7화 해독제도 없는 복어의 독

**브린이를 위한 상식**

복어는 테트로도톡신이라는 독을 가지고 있어요. 복어의 독은 뇌, 눈, 간 등 대부분의 내장 기관에 들어있는데, 아직까지 해독제가 없기 때문에 항상 조심해야 해요.

불쑥
복어는 이빨과 턱 힘이 강해서 물리지 않도록 조심해야 해요.
내 거야!
나도 주세요~.
와, 바지락 깨지는 소리가 선명하게 들려요.
아그작
아그작
이 친구는 정말 크네요. 약 30~40cm 되어 보여요.
복어의 이빨은 알루미늄 캔도 절단할 정도로 굉장히 세기 때문에 조심해야 해요.
맛있다!
빠각
빠각
바지락 껍데기가 산산조각이 났어요.
두 둥

**브린이를 위한 상식**

쏠배감펭은 등지느러미의 가시에 독이 있어요. 쏠배감팽의 독은 다른 맹독 생물에 비해 치명적이지는 않지만, 그래도 사람에 따라 어지럼증이나 두통, 마비 등의 증상이 나타날 수 있어요.

**브린이를 위한 상식**

복어는 위험을 느끼면 바닷물을 마셔서 몸을 크게 부풀리는 특징이 있어요. 가시가 달린 몸을 부풀려서 천적이 자신을 먹지 못하게 해요.

 *담수욕: 강이나 호수 등의 염분이 없는 민물에 몸을 담그거나 씻는 일.

담수욕은 물고기 상태에 따라 3~5분 정도 진행해요.
이 친구는 상태가 좋아서 3분만 해도 된대요.
상태가 안 좋은 생물이 들어왔거나 바닥재의 청소 주기가 늦춰질 경우에는 기생충이 붙어요.
난 엄청 건강하다고~.
담수욕이 끝난 후 집으로 보내 줍니다.
휘익
고생했어~.
촤악
담수욕을 할 두 번째 친구
파악
헉!
부풀어 오른 복어!
깜짝 놀랐네. 널 위해서야. 친구야~!
집에 가고 싶어!

남해안이나
제주도 근처에서 사는
철갑둥어가 있네요.
아주 보기 드문 물고기예요.
다 컸을 때 크기는
15~17cm 정도
입니다.

난 아주
귀한 몸이지!

너무 예쁘게 생긴 철갑둥어

*비늘: 물고기나 뱀 등의 표피를
덮고 있는 얇고 단단한 조각.

사진에서 보듯
밤에 야광 빛을
낼 수도 있어요.
턱 밑쪽에
*발광 기관이 존재해서
플랑크톤을 이용해
빛을 내요.
너무 신기하죠?
턱

발광해서
먹이가 다가오면
사냥해서 먹어요.
주로
작은 새우와 같은
갑각류를 먹는다고
합니다.
우리 진짜
멋지지?

그리고
복어의 독은
테트로도톡신이라고
해서 절대 먹으면
안 돼요.
해독제가 없으니
모두 조심하시기
바랍니다!
다음에
또 봐~.
잘 가~.

*발광: 빛을 냄.

맹독성 복어
VS
밀웜
복어는 청산가리보다
굉장히 강한 독을 가지고 있어요.
제가 좋아하는 친구들이에요.
너무 귀엽죠?
복섬
인디언 복어
포큐파인
오늘은 이 참복을 밀웜에게 줘 보려고 해요.
죽어서도 독이 있을 수 있으니 조심해야 돼요.
엄청난 독을 가진 복어

바로 밀웜에게 쥐 보도록 하겠습니다!
브린이를 위한 상식
복어는 기존 이빨에 새로 자라나는 이빨이 합쳐져서 단단한 이빨을 가지고 있어요. 이런 이빨을 사용해서 딱딱한 껍질을 가진 갑각류도 쉽게 잡아먹지요.
밀웜들이 반응을 보이고 있어요.
이게 뭐지?
맛있다!
냠 냠
냠 냠
악취가 너무 심해서 빨리 먹었으면 해요.
열심히 먹고 있어!
복어 말고도 조심해야 할 생물을 알려 줄게요.
첫 번째는, 앞서 말한 파란고리문어예요.
파란고리문어

**브린이를 위한 상식**

단단한 껍데기를 지니고 있는 청자고둥은 코노톡신이라는 독을 가지고 있어요. 코노톡신의 종류는 다양한데, 이 중에서는 진통제로 활용할 수 있는 성분도 있어서 활발한 연구가 진행되고 있어요.

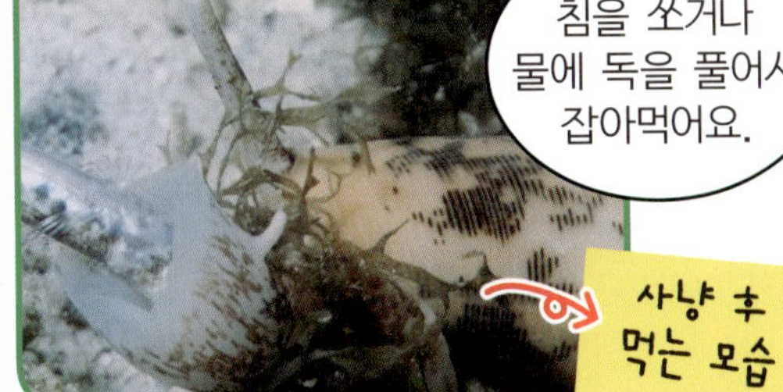


세 번째는
우리가 자주 먹는
어패류.

조개나 홍합에
삭시톡신이라는
마비 독이 있을 수
있어요.

먹을 때는
조심해야
합니다.

블랙 니모

이 두 친구도
밀웜에게
줘 봤어요!

파란고리문어

과연 결과는…?

와… 모조리
먹어 치웠어요.
블랙 니모
블랙 니모의
이빨이 생각 외로
날카롭네요.
그리고
파란고리문어는
어디 있지?
뒤 적
뒤 적
이게
파란고리문어의
입으로
추정됩니다.
입 말고는
뼈가 없는데,
다 먹은 것
같아요.
더 줘!
마지막으로
바로 복어!
복어의 내장을
다 먹었어요.
깨 끗

## 브린이를 위한 상식

복어의 이빨은 새의 부리처럼 튀어나와 있어요. 다른 생선들에 비해 길고 튼튼하기 때문에 사냥할 때는 독과 함께 강력한 무기로 사용돼요. 이빨 자체에는 독이 없지만, 손가락이 잘릴 만큼 날카로워서 조심해야 해요.

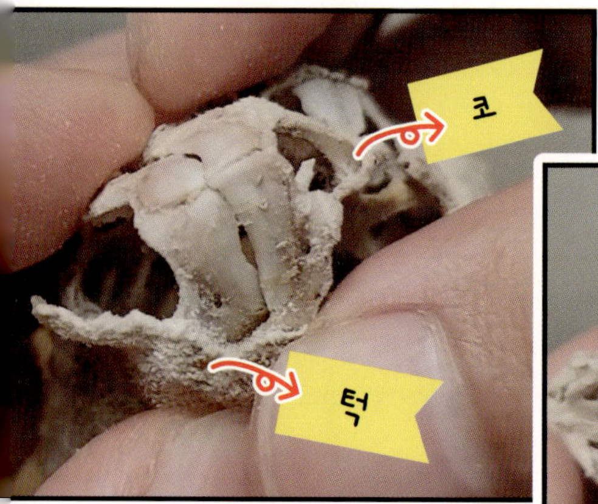

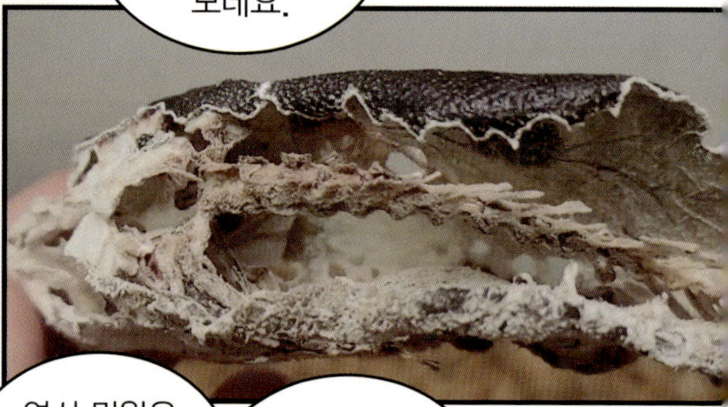

곤충, 뱀과 같이 물고기 중에도 독을 가지고 있는 물고기가 있어요. 독 가시를 가진 쏠배감펭처럼 외부에 독이 있는 물고기도 있고, 복어처럼 거의 온몸에 독이 있는 물고기도 있지요.

**★정브르의 생물 탐구★**

**생물 이름: 쏠배감펭**

쏠배감펭은 주로 수심이 얕고 육지와 가까운 따뜻한 물에 살아요. 화려한 지느러미가 사자 갈기처럼 보인다고 해서 외국에서는 'lionfish(라이언피시)' 라고 불러요.

- 크기: 약 30cm
- 먹이: 어류, 갑각류
- 사는 곳: 수심이 얕은 따뜻한 물
- 특징: 몸에 갈색 띠가 있음.

**★쏠배감펭의 이름 유래★**

쏠배감펭의 이름은 쏨뱅이에서 유래되었다고 알려져 있고, 비슷한 이름 때문에 같은 종으로 오해를 받기도 해요.

쏠배감펭은 '쏘다'의 관형사형 '쏨'에 접미사 '뱅이'가 붙어 만들어진 '쏨뱅이'에 거칠다는 뜻의 '감풀다'에서 유래한 '감푼이'가 합쳐져서 '쏨뱅감푼'이 되었다가 그것이 변형되어서 쏠배감펭이 되었어요.

쏠배감펭

# 브르의 미로 찾기

미로를 탈출해 도착지로 가요.

# 정답

28~29p

66~67p

브르의 숨은 그림 찾기

꼭꼭 숨어 있는 그림 5개를 찾아보세요.

숨은 그림 5개

딸기 모자 휴대전화 우산 가위

끼룩

끼룩

출동이다!!

부아앙~

133p

브르의 미로 찾기

미로를 탈출해 도착지로 가요.

출발

도착